The King
OF THE FARM

Lehy Hernandez

XULON PRESS

Xulon Press
2301 Lucien Way #415
Maitland, FL 32751
407.339.4217
www.xulonpress.com

© 2020 by Lehy Hernandez

Drawings By: Kevin Hernandez

Printed in the United States of America.

Impreso en los Estados Unidos de América.

Paperback ISBN-13: 978-1-6322-1658-8
eBook ISBN-13: 978-1-6322-1659-5

Contents/Contenido

Dedication

—◆—

Dedicated to my friend Margarita. Who with her friendship and wise advice managed to awaken in me the desire to be reborn as a professional. Helping me remember who I am and not be afraid to show my talent to the world. Thanks, MAGO since with your help I recovered my life as a writer and learned again to live happily overcoming all the obstacles around me.

Thanks:

>——·——<

To God for blessing my life every day.

To my wife for her constant support.

To my mother for her unconditional love.

To my nephews for supporting me in difficult times.

To my friends for their friendship, solidarity and for believing in me.

To my daughters for being the strength that drives me to write and be better every day, becoming the inexhaustible source of stories to share and for all the time they have invested in the correction of this book.

A Spirit Horse at B.T.F. for receiving me as one member of their family.

To all the Xulon Press Publishing Company team for helping me in the process of turning my story into a book.

There are many ways to tell a story yet different ways of understanding, analyzing, or feeling; but when we put our hearts into reading a book, we find magic and imagination that surrounds us in a different world that teaches us through inspiration...

Learning to read is a way of acquiring knowledge.

Learning to smile is a way of learning to live.

Life is a treasure.

Knowledge is a power.

He who treasures life and acquires knowledge will become a KING.

The Storm

>———·———‹

It seemed like a normal day, Alex had already been working as a farmworker for several years taking care of all the animals in the farm, so he did not worry when the wind began to blow hard pounding his face and blowing his hair wildly making it so he could barely see.

The force of the wind entering the barn was strong enough to throw buckets against the wall. Medicine bottles, soaps, and even a few chairs were tossed like an invisible, angry hand was behind the mayhem.

Then an avalanche of garbage was dumped onto the floor when a big boat crashed against one of the walls where the horses were usually tied to be saddled. The sky had become increasingly cloudy. The sky's normal blue color had gone ugly gray. The few winter clouds that stood out allowed only faint shards of sunlight. The trees' branches shook as if they fought to fly free. Every sign indicated a bad storm was approaching – no – had arrived. The animals ran scared, looking for a place to protect themselves.

On another side of the farm, far from the barn, came the sound of three chickens squawking, excited by the uncertainty of not knowing if they would be trapped outside, pelted by the cold rain that had already begun.

The youngest of the three, Cocoa, looked tired. She began to spread her wings and shout. "I cannot take it anymore! The wind slows me down and pushes me back; my legs tremble, my feathers catch the rain. I need to stop for a moment because I'm going to lay an egg and I cannot keep running."

The other chickens, Cristy and Flecos, stopped for a moment, observed that Cocoa looked bad, but the sky was darkening, the wind blew strong, and an intense cold crept through their feathers and embraced their bodies.

Cristy warms Cocoa, "You cannot stop the storm. It is almost here. See the sky? If we stay with you, we will not be able to protect our nests because we will not reach the henhouse in time. The eggs need our heat, or we will not have chicks. The thunder and the cold rain that falls can hurt you."

Flecos warms Cocoa too, "If you stay unprotected on the ground you could get hit by lightning and, if that happens, you would be gone forever. We would never see you walking again. You cannot run in the field as much as you like. You must keep going until you reach the barn, there is the nest where you can put your egg and next to ours; your chicks will be born and, after the storm, we will proudly parade around the henhouse."

"I cannot! I cannot! I need to stay here." Cocoa shouted and continued squawking while she tried to nest in some dead leaves, but they kept blowing away. "I have no strength to get up again. I'll just wait under this tree and rest a little, then lay my egg. You will come back for me, and together we will find a way to move it to the nest. But now you must run to the barn. If I do not reach safety, come back for me, I beg you!"

Flecos' eyes filled with tears. Hesitating a moment, she remembered her own eggs waiting in the nest. She turned to Cristy. "It's better if Cocoa is protected so she can stay by the tree and lays her egg. If we wait for her, the storm will trap us, and no one will save us. Run, run! Let's get to the chicken coop to protect our nests! Then we look for help with the roosters of the stable. Together, we will move the egg when it is safe."

Cristy squawked, "Look, Flecos, a branch!"

The two chickens helped each other move a long, leafy branch. They put it on top of the young hen. Then, Cocoa was covered and protected from the cold rain. Tears ran from her eyes as she watched the departure of her friends.

Cocoa thought to herself, *I have no other choice. If I keep running, the egg will fly into the air and when it falls, it will break. Better for the egg and I to stay here and be protected from the cold rain.*

The clouds darkened the sky, the thunder cracked every few moments. The morning turned black, and it seemed nearly dusk. Then, there was a roar of thunder after a flash of lightning brightened up the sky. While a torrent of cold rain descended from the sky, Cocoa was thinking about the welfare of the other chickens. Cocoa remained fearful but well hidden under the branch as the rain hit with such force that it hurt her already damaged feathers. Unaware of how much time had elapsed during the storm, Cocoa's heart pounded as she waited.

When the storm ended, a total silence surrounded the farm. No more wind. The rain stopped. Then Cocoa's feathers bristled, a feeling that she had not alone enveloped her. She hunkered down even more. Then the poop-racket of a trembling chicken full of fear was heard. Sensing an approaching danger and, along with the confusion she felt, she gave out a dark cry, a different *kikirika*. Then, in the distance, a large, agile and dark shadow ran away with its prey between its teeth.

In the chicken coop, a search and rescue committee was organized by Nugget, who was a strong and daring rooster. Nugget led the group. Cristy and Flecos walked behind Nugget and directed the others to the spot where Cocoa had stayed. They walked a long time but could not find her.

Nugget asked, "Are you sure that was where Cocoa stayed? It can't be! Where is the branch where she was hiding?"

"Yes, here she was. I remember that tree, but it seems that the wind and rain have erased all traces of Cocoa and her egg," Flecos said sadly.

The chickens led by Nugget searched for Cocoa everywhere and could not find her. How had she disappeared? They asked each other, "*What happened to her and her egg?*"

With eyes wide, Cristy shrieked. "There are feathers! Look, look, there are feathers with blood on them. They are Cocoa's feathers, they're the right color. There are many, come here and see." The chickens watched as Cocoa's feathers flew into the air and mixed with the leaves. They were caught up by a small stream of rainwater and were gone.

Then Nugget opened his wings, fluttered, and scrambled onto a log and then jumped up on a high rock. He moved his head in every direction, looking in the distance for some trace of Cocoa around the field. Making another attempt, they looked for her everywhere, with no luck. The chickens didn't talk anymore. They began to walk slowly back to the chicken coop. Each chicken drooped their head with sadness. Each of them wondered, "*where could Cocoa be?*"

The hours passed until a new day began on the farm. The morning sun offered a spectacle, turning everything orange with the sun's light. The gentle, fresh wind moved a sprinkling of the leaves. The smell of flowers freshened the air and the songs of birds in the distance caused all the animals to wake up.

Life was so beautiful; it is wise to recognize the beauty of every moment. Our feelings are not repeated with the same intensity twice. The beauty of seeing the dawn of a new day is learning to discover that, along with the new day, a new opportunity is born – everything begins new every day.

The young hens organized themselves very early in the morning to go out to, once again look for Cocoa, but the older chickens did not want to accompany them because they already knew the answer. They'd already imagined what happened and they knew with certainty that Cocoa had flown away to heaven.

Several days passed. The whole henhouse still worked on their normal routine. Some hens, including Flecos and Cristy, were still thinking about the disappearance of Cocoa. When they looked at the eggs in the nest, the melancholy of that morning in the countryside made their poop-rattle sad. For the other chickens, it was simply an event they did not remember anymore. As the days passed, Cocoa's eggs were removed from the nest and placed in special incubators for birds. Along with the eggs was the memory of the young chicken that had flown into the sky.

After a few more days, Flecos' and Cristy's eggs hatched, and many new chicks were born. They began to walk around the stable, moving rhythmically to the rhythm of the poop-racking of their breasts as a parade full of color and happiness.

Flecos exclaimed, "Chicks, this is Charisma's corral!She is a mare who doesn't like to share food with anyone since some chickens went into her corral looking for worms and because they didn't find worms, they took all the food away from Charisma!

Don't get too close because that mare does not like chickens, roosters or hens near her."

Flecos was still clucking when suddenly the expression on her face changed, her light brown feathers almost turned white; her eyes opened wide – she could not believe what she saw! Running through Charisma's legs was a chick. Flecos squawked. "Chicks! Where are they? Come to my side, I want to count you. It cannot be, it cannot be. I must be dreaming."

Confused, agitated and without thinking, Flecos ran quickly, crouched down and stepped under the last fence board, then flapped her wings and bravely pecked at the legs of the mare she thought was the cause of her madness.

Charisma snorted and brayed at her. "You crazy hen! Get out of here! or I'll kick you."

With an angry expression Flecos asked the mare, "Where is the chick? It walked between your legs. It must have been one of my babies who walked away from me and got lost on the way."

"A chick in here? You're talking nonsense," Charisma answered. Then, the mare shook her head and, with her nose, began to push at Flecos, who shouted, pecked, and flapped. Finally, she got the hen out of the corral. Flecos counted all her chicks. They were complete, none were missing, so she decided to go to the barn to look for the roosters to ask for help.

When Flecos arrived at the barn, she begged them. "Come! Come! Please, in Charisma's corral. A chick wandered in there. I tried to reach it and talk to him, but he disappeared. I do not know where he is. Let's all go find it."

The roosters quickly ran out to Charisma's corral, because they knew that if a chick was inside there, it was in danger. The roosters began to search the corral, barn, and the entire field but they could not find the missing chick.

"Are you sure Flecos, that you saw a chick? All our chicks are in their nests," Cristy said. "Besides, no one lays eggs outside the chicken coop!"

Pretty, the young hen looked into the sky. "I think the sun is very strong and you only imagined it. No chick would survive Charisma's fury, especially if it was alone in the field."

"I know, but I saw a chick running in Charisma's corral – between her legs," Flecos said. She ran in circles, frantic for the lost chick.

While the roosters and the hens continued to talk about what happened, many children accompanied by their parents began to come to the farm to play and help voluntarily feed the rescued animals that became part of the farm.This happened every day, all the different animals living on the farm are not afraid of humans approached them without posing any risk.It is fantastic to see how animals and humans coexist sharing joys or sorrows; In this way they learn to trust each other, establishing a relationship of feelings and emotions that unite them. While each is so different, each inhabitant of the farm has its own space, its own name and its own story.

Learning to Live

$\rightarrow\!\!-\cdot\!\!-\!\leftarrow$

The weather in Winter Garden is almost always warm, although, on the farm, every morning is cool, especially when the sun has not yet risen. All the corrals are surrounded by pine trees. The morning air is scented with pine. When the sun rises, the dawn offers a show full of colors and beauty. And if you want to have a painting drawn from the very inspiration of nature, just come over to the farm and take a picture.

The farm is huge, and the animals are separated by fences built with wood. In the northern sector is where the horses live inside the corals and a few weeks before Flecos saw the missing chick running through Charisma's legs the following happened there...

It was the break of dawn and Charisma woke up whinnying, "The storm last night was very hard, the water was cold, and it hit me hard. The roof of my house did not protect me. Humans should build bigger houses with walls on the sides as well as the barn."

"Hey Charisma, it's a bit early to be whinnying," Replied the horse Elvis, who is the biggest horse on the farm.

Charisma continued to grumble. "The sunlight has already come out, and with the crowing of the roosters, nobody can sleep on this ranch." Charisma wasn't a happy mare in the morning. Or in the afternoon.

Jackson the funny horse snorted. "Elvis, ignore that rude and disobedient mare, she loves running and screaming everywhere. She's crazy! She's dangerous! She never obeys the humans! She is always looking for a space to escape and always complains."

Charisma looked at the two horses angrily. She ran away towards the back of her corral, to the meadow. She was angry and nervous about the criticism from her neighbors. She thought, *"Who asked them? I'm not interested in knowing what other animals think! I live free, and someday, I will go from here to another bigger place with a lot of space, where I can run and jump without having to see humans. I do not even want to be with other horses."*

After neighing and running, Charisma finally slowed down and began to jog in the field. She noticed how fresh and green the grass was. The smell of crushed grass every time she stepped on it invited her to breakfast. Charisma ate a lot of fresh grass, then she approached one of the trees. It had large branches that offered pleasant shade to shelter her from the sun's rays that had begun to warm the farm. While she was eating grass, something caught her attention. Something small, white, and oval was hidden among the dry leaves of the trees.

Charisma widened her eyes, then angrily thought, *"It's not possible! The chickens steal my food, get into my corral and come to leave their eggs lying around. I'm going to break it! I'm going to stomp at the egg! And then, the chickens will not come back. Oh, I'm going to show them. I know... I will hide the egg, and when the hen that left it comes back to look for it, I will be here waiting. Then I'm going to kick her tail feathers."*

Charisma began to hit the ground with her foot until it formed a deep, compact hole like a basket in the ground. Very carefully she pushed the egg with her nose, then with her huge mouth, she picked up some dry grass and put it over the hole. There – the egg was buried.

"I will not move from here! I will protect this spot so that nobody takes the egg. The hen will come! Then, we will see if they think it is wise to lay eggs where they don't belong."

There is a very particular sound, which all the animals on the farm recognize. It is the sound of the tractor when it comes loaded with fresh grass and food for all the animals of the farm. When they hear him, they run to meet the farmer, anxious to receive their meal.

When Charisma heard it, she knew that lunchtime had arrived, so she ran to get her food. She forgot all about the egg. The sun heated the egg through the dry grass, keeping it warm. Some days passed; Charisma did not remember the egg, which during the day was heated by the sun's rays and at night the grass with the leaves of the trees kept its heat. Then, every single time Charisma saw a hen near the corral, she remembered the egg and ran to lie on the side of the hole and put one of her legs by it to hide the egg.

More days passed, and the horses from the neighboring corrals that observed the behavior of Charisma began to think that she was definitely crazy, because she spent many hours for several days lying with her paw at that certain spot waiting for the brave hen, that will try to go looking for their egg.

One day Indigo, who is considered by the other animals as the wisest horse at the farm, asked her, "Charisma what are you doing? You spend a lot of time in that same place! It even looks like you're tired of running and neighing."

"I'm hiding an egg and waiting for the hen that will come to pick it up, so I can kick her tail feathers," Charisma answered.

Indigo was startled. "An egg? Chickens do not lay eggs outside the henhouse."

"Well, it happened. One of them did it to annoy me because they know that I detest them because they always steal my food! They also spend time running through my corral looking for worms, pecking the ground and making noise", Charisma said and then proudly invited him, "Come here Indigo, come closer and look. I'll show you the egg."

Charisma pushed the dry grass with her tongue. "Look! Inside the hole you can see the egg." She looked at Indigo with triumph. Then she noticed that it was warm and had changed in color. Then Charisma heard a few taps. Approaching, her nose nudged the egg. At that moment, the shell cracked open. Out came a beautiful, yellow chick.

The chick began chirping. "Mama! Mama! Mamaaa!"

Charisma's heart jumped. Her huge eyes widened. In front of her was a newly hatched chick. How was it possible that this happened? The hen had never come back for her egg. When Charisma listened to it calling for its mama, something inside Charisma changed. At that moment, she felt something... true love.

Charisma was surprised. "Mom?", The word mom resonated in her head, then she turned her gaze to Indigo and asked, "Tell me, am I the mother of this chick?"

Indigo whinnied mockingly. "No, mares do not lay eggs. And a stupid mare like you cannot be the mother of any chick."

The chick kept chirping. "Mamaaa!"

Charisma felt offended and was hurt but respond decisively, "Yes, maybe it's silly. Yes, maybe I am just a mare, but *What prevents me from being the mother of this chick? If I feel this way when he says 'Mom!' then I am his mom.*" The tiny chick was so beautiful.

Charisma herded the chick back to her barn and came across Elvis. "See my baby chick? It has the golden yellow color of the sun's rays that warmed it through the grass. His feathers are like a bit of the sun-king had shared the golden yellow." She thought, "I will shout it from now on – Charisma has a chick!" And then thought about all the other chickens. *"I must warn all the hens to keep away from him, because if they come near him, I will kick their tail feathers."*

Elvis was listening and answered whinnying and laughing, "OH! I can't believe it. You are so dumb. All chicks are born yellow,"

"This is my baby chick, so all the chickens must keep away from him," Charisma told Elvis.

Elvis whinnied again. "The humans will take it away from you. Then, they will put it in the henhouse where it belongs."

Charisma did not want to understand what Elvis was saying. She was so overjoyed to have seen how the egg broke and a beautiful chick was born.

"It does not matter what you say, it's mine!" Charisma loved the baby chick, even after just a few minutes. "It is so beautiful that when I approached him, I feel as if a bit of the sun, warm and tender, touched my nose. When I move and touch him; he goes straight to my heart, without permission, without size mattering. He is neither of chickens nor of horses, we belong together. I'll hide him every night in this hole. And during the day, I will run him in the middle of my legs to hide it so that no one can find it, and the humans will not take him to the henhouse."

The snort of the mare caught Jackson's attention; so, the horse came on them and when he saw the chick he said to Charisma. "Leave him alone at night, he will die of cold. Put it between your legs, you will crush it like a cricket. Oh, even worse, feed him with your mouth in his beak, you will crush it with your teeth. Better give it to the hens, they have more experience taking care of chicks."

Very angrily Charisma neighed. "No! Hens are stupid, they're always bothering me, I'll take care of him, and I'll be his mother. I will make this chick a king. He will grow strong and big like me. I will teach him to be free, to live outside the cages in freedom as the king that he is. As of today, I'm naming him *King* because this chick is the king of the hole.

"King? The king of the hole, ha, ha, ha, ha, poor chick when he grows up, he will not know if it is a rooster or horse!" Jackson laughed at Charisma's silly name.

The horses became accustomed to seeing Charisma walking slowly instead of running or jumping as she liked so much. They got used to the peculiar figure that always walked behind her. Charisma taught King to run and hide in the bushes, away from humans, roosters, or chickens.

On one of those occasions while King was learning to dig holes with his feet, when he was just a little chick, Flecos saw him.It was then when the hen attacked the mare pecking its legs causing a fuss inside the farm. Also, in that occasion the roosters went looking for the chick. There was a commotion inside the farm that day, but nobody could find the chick. But, as time passes, things change. The soft and yellow feathers of King turned white and became thick. His size also changed because he began to grow. It was getting harder and harder to keep him hidden from the other animals that walked outside Charisma's pen. The curiosity to know of the world beyond Charisma's corral made King walk away of the northern side. He began to explore on the farm, and inevitably, others noticed him.

A young chicken named Pretty, was coming out of the chicken coop when she first saw him, and ran to Flecos to ask, "Did you see it? That new rooster on the farm, he looks beautiful."

Flecos answered cackling. "Yes, I'm sure I saw him before, when he was just a chick, now he's grown and has big feathers. I always said that in Charisma's pen there was a wild chick."

No one knew where he came from, or how he appeared on the farm, but everyone knew that he'd grown free and wild, running through the horse corrals without being harmed.

The comments spread like wildfire. They all spoke of the little rooster in the middle of the grassland, looking for a few grains of food that the horses had dropped.

The mystery of his appearance on the farm was explained as that some chicken nestled him away from the henhouse; for that reason, nobody saw him before the chick became a cockerel. Many talked about the cockerel. Everyone wanted to catch him, but they were not successful. He was fast; he ran among the bushes to hide and get away, and only came out from time to time. Mostly, he kept apart from the other animals.

King always slept in Charisma's corral. As the mare had already heard all the comments made by the animals, she then told King, "It seems you've impressed everyone on the farm, the hens went crazy and the roosters are angry."

"Yes, but everyone chases me! Humans are trying to trap me. I'm not going to let them lock me in that little space they call a cage," King answered.

Charisma warned him, "Do not let yourself get caught! Live free in this field and do not let humans lock you in that little space."

King asked, "Is that why you taught me to hide in the footprints of your shoes? So that nobody finds me and catches me?"

"Yes!" Charisma answered. "When I found you after a storm you were just an egg. Then I opened a hole in the ground with my hoof, I covered it with grass, then I pushed it slowly, and I covered everything again with grass. The hens always stole my food. That's why I hid you, so they would not find you. Then I left, and I forgot about you, but when I remembered, I came back to take care of you. Then one day, while talking with Indigo, I heard noises inside the egg, so I put my nose closer; You were so warm because the sun shielded you with its light and the grass kept your warmth sheltering you when the sun went out."

"Yes! I remember when I saw your huge eyes after I broke open the shell, it was like seeing the moon and the stars reflected in a dream," King said.

"I hated all the chickens because they steal my food" Said Charisma, she preceded to shake her head. Changing her face's expression from anger to love, she continued saying, "But when I saw you, so small, I protected you. Then, when you called me 'Mama,' I felt something change deep inside my heart. I vowed to love and protect you. That's why, at night, I still lie down near the hole to cover its entrance with my leg so that nobody sees you and you're always kept away from them."

"Thank you, Mama, for teaching me to look for food inside the corral and letting me run around. You helped me learn to be free like the wind," King answered, rubbing his beak on Charisma's fur.

People became used to seeing King, so they chose not to pursue him anymore. It was evident that the cockerel knew how to take care of himself and provide himself with food without the help of the people on the farm.

On the farm, there were many chickens and four roosters that walked freely everywhere. Nobody moved away from the limits of the barn because they were all born in captivity and were used to living with humans. On many occasions, chickens allowed humans to touch them and carry them as if they were pets.

One day, Indigo approached Charisma and said, "It is amazing how you've looked after King, but he is growing, and although you are his mother, he needs to approach the chicken coop to learn how roosters behave. King needs to learn to develop within his own nature. You cannot always have him hidden between your legs."

She neighed angrily. "I do not want King to leave! I do not want him to get away from me because those roosters and chickens have always bothered me."

With the best intentions Indigo said kindly, "Life gave you a son, and you have taken care of him. But in time he will have his wings. Then, he will know the world you have kept him away from. Let him go so that he learns to live with the other animals on the farm. He needs to know that he is a rooster and not a horse." Indigo only had King's best interests in mind.

Indigo's words echoed in Charisma's mind. She recognized that the freedom she so longed for herself could not be denied to King. It was time to let him choose or maybe push him to start discovering the world around him.

Charisma approached King and tenderly said to him, "Watch the roosters. See them scratching the ground looking for food in the bushes? See also how they work protecting the entrance to the henhouse?"

"But I do not need to learn from them. You have taught me to look for worms in the field or the food grain that you set aside when the humans feed you." King wasn't sure what his mother was teaching him, but he didn't want to leave her. "Besides, the roosters do not allow me to approach the chicken coop."

Charisma shook her head. "Very soon you will grow up. You'll have to get close to the chickens… you cannot spend all the time in the field or inside my pen. You must know every corner of the farm." She looked down to meet the young rooster eye to eye. "You must make yourself strong so that those roosters do not bother you."

"But when I grow up, I'm going to be big like you. I'm going to defend myself with my big legs." King had believed everything Charisma had told him while growing up.

Concerned about what King said, Charisma apologized, "I'm sorry for telling you that. But roosters do not grow as big as horses. However, they are fast and strong, and they can sing and dance in the mornings. You must learn to defend yourself and to share with everyone on the farm. Besides, you should not live in my corral, but always remember that your home is here with me."

King happily accepted everything Charisma said crowing, "Yes, I do want to know all the surroundings of the farm. I want to play with the other young roosters, learn to sing loud, but without losing my freedom. I like to be free. I know that I must find my place inside the chicken coop even if I must fight for it." King's eyes shone with determination.

Looking For a Place

Curiosity is natural in all living beings. Both humans and animals experience curiosity in their lives. Sometimes, that curiosity leads us to make great discoveries and other times it allows us to enjoy or even suffer the consequences of our decisions. Out of curiosity, we find experiences that give us knowledge or wisdom because it is through the need to learn new things that we gain opportunities to live and grow.

The first time that King was seen close by the barn, he was no longer a chick. He had become a young rooster; black and white interspersed colors made him have a light gray tone. Adorned with long green and gold feathers, he was standing on the second board of a wooden fence spreading his wings in the wind, allowing himself to be caressed by the sun's rays, which made his feathers shine as if he were something unreal. His singing was strong, clear, and prolonged. He repeated his notes without fatigue catching the attention of the other animals that passed by his side. However, not all the animals listened with pleasure. For the horses in the corrals of the northern area, their singing was simply noise.

Jackson, the funny horse whinny's annoyed after noticed the crowing. "Ohhh! Since when has King become such a noisy rooster? It seems that he has just left the henhouse. I hope he did not act like the other roosters because if King goes into my pen, I will bite him and if he comes to eat my food, I will kick him."

Indigo the wise horse answered him. "Charisma told him he was free to come and go, whenever he wants to. Today is the first day that King visited the chicken coop, that's why he sings with joy."

"Sing? It seems to me that he cannot sing. That's why he never tires of screaming. His singing sounds more like crying!" Elvis the big horse chimed in with his gloomy opinion.

The horses in the nearby pens kept arguing about how King had changed. What they did not know was that King had just been trying to get the attention of the hens and roosters that began to gather around him.

Pretty the youngest hen with coquetry demeanor said, "Look! The wild rooster appeared. I think it's the most beautiful of the whole farm. His singing is magical."

In a derogatory way the hen Flecos crowed, "It has nothing magical. What it has is all strange. I still think that wild cockerel was born in the field after a stormy night."

Nugget, the strong and daring rooster angerly began to squawk, "I do not know where King came from, but I am angered by his arrogance. He thinks himself very important and even tries to trot like a horse. He does not realize that he is just a rooster."

Biscuit, the brave rooster raised his neck and scratched at the dirt. "When King gets off that fence, I'm going to challenge him to fight, I'm going to peck at him, and I'm not going to let him into the henhouse."

The roosters and chickens were so entertained watching King, that they did not notice that someone else was watching them. The total attention of the chickens was on King, as from the top of a beautiful tree, a sparrowhawk sharpened its claws. The sparrowhawk's gaze was fixed on Biscuit.

The sparrowhawk thought to himself, "That rooster is perfect to decorate my dinner tonight."

Raising his wings, the sparrow hawk let out a sharp, gloomy whistle, throwing himself into the air to catch his prey. He quickly and skillfully flew over the animals. He opened his claws to grab Biscuit by his wings. Biscuit was distracted at the time and did not see the danger coming. Nugget daringly acted quickly and flew over the head of the sparrow hawk and with his legs hit him on the back knocking it to the ground. King was still standing on the last board of the fence. Taking advantage of that moment; King threw himself with force and, with his beak and spurs, attacked the sparrow hawk – now sprawled on the ground.

The sparrow hawk shaking its wings, wanted to take flight while arrogantly yelling at them, he only thought of chickens as his dinner. "Do you think you can defeat me? I'm bigger than you. Faster! Do you know that my claws can destroy all of you?"

King observed that the sparrow hawk did not release Biscuit and kept him trapped between his claws; so, he jumped in, pinning one of the sparrow hawk's wings down, sending him back down to the ground, "We're not going to let you fly. Drop that rooster, or we will tear you apart and throw you out of this place."

Nugget was behind the sparrow hawk, King was in front and, at the same time, both jumped on him. In order to defend himself, the sparrow hawk had to release Biscuit. Fluttering his strong wings, he knocked down the two roosters. King's ability to run as Charisma had taught him helped him get up again. Then King hit the sparrow hawk's neck hard and sent him back to the ground.

"Get out of here!" King ordered the sparrow hawk to leave. Hearing the clatter, the other roosters came out of the henhouse. King jumped in the air, revealing his sharp talons. "We're have defeated you, so today you... you will have to find lunch somewhere else."

King's shouting confused the sparrowhawk, who was used to see hens running in fear. Now, with the chickens and roosters crowding around, he was uncertain. Their presence made him moved to take flight and leave the henhouse and his defeat behind him.

Nugget went over to King. "You were brave to face a sparrowhawk. You did not let fear stop you."

"When I saw you jump on the sparrowhawk, I knew I had to help to prevent him from taking your friend," King said.

Biscuit was still shaking from the fright he received. He thought the sparrowhawk would eat him, so he had been trying to soothe her raveled nerves and the fear he still felt. Biscuit proceeded to thank the other roosters, "Thanks to you both for helping me. I'm a little hurt... I cannot move my left wing, but I'm sure I'll recover soon."

Due to the noise caused, almost all the members of the chicken coop had gathered at the scene of the fight. Many were curious about what happened and wanted to approach King because that was the first time, they saw him up close. Upon hearing the story of what happened, the other roosters were grateful for the help King had given them, but they were annoyed by the screams of the hens that had gathered near him.

Pretty asked, "What's your name?"

"The horses call me *King* because they say I'm the king of the hole."

"What hole?" Pretty looked at the other chickens, confused by King's response. Then she stood facing King exclaiming, "You look like the king of the farm and the henhouse."

A little annoyed by Pretty's attitude, Nugget asked King, "Where are you from? And where do you sleep?"

"I do not come from anywhere because I am free like the wind and I sleep where I want," King answered.

Biscuit was very grateful to King and trying to be kind offered him a solution. "Maybe we can make a space for you in the chicken coop."

Reluctantly King answered, "Thank you. But I do not lock myself in any small place. I'm like the big sun, I do not want to stay to sleep on the floor when I can be outside."

Nugget grew impatient and angry at King's responses and began to squawk, "Leave it! Do not ask more. This rooster is very arrogant with a petulant attitude, and we will not tolerate it. Let's all go back into the safety of the chicken coop. Let him stay alone because he is not interested in becoming friends with us."

When they heard Nugget, they all started walking back to the henhouse. The roosters were with an angry attitude and the hens walked away sad because they were ordered to move away from king. They had been impressed with his song and the color of his feathers but knew that King did not mind being left alone. King returned to Charismas' corral as if nothing had happened, he ran happily feeling the wind move through his feathers as they extended.

The work on the farm never stops; every day there is something to be done. Almost always a new adventure is written around all the animals, sometimes sad, other times cheerful but always interesting. With the passage of the days, the physical growth of King was superior to the other roosters. Perhaps it was because he was fed with food for horses, which helped him to have a lot of strength, and grow large.

King liked to explore all the surroundings of the farm, as well as climb to the top of the fences to sing every morning. He began to demonstrate his strong character, sometimes behaving in a dominant manner, to solve problems within the farm. Almost all the chickens were impressed with his demeanor. He imposed respect and order among the chickens. When two roosters were fighting, King separated them, so that they would not get hurt. If some member of the henhouse did not like the way King ruled, he imposed himself with blows, fighting as if he were the owner of the farm taking advantage of his great size and strength. After submitting the other chickens to his will, he would go back to Charismas' corral showing his beautiful and strong bearing where he walked.

The members of the henhouse were always attentive to everything King said for a fear of doing something he would not like and that he hit them as punishment. Flecos the cautious hen liked King, but his petulant attitude bothered her. One morning the chickens were listening to King singing and Flecos told Bonita, "That rooster is very tough and stubborn, never sleeps in the chicken coop but is always attentive to everything that happens."

Pretty being the youngest, quickly fell in love with King, "He is a very beautiful rooster! Since he arrived, there is more order in the henhouse. The roosters do not run or beat us because King is always close and does not allow them to hurt us, I really like that rooster."

Nugget, the daring rooster was passing by at that moment intervened in the conversation and angrily cackling, "He's very strong! But I will be stronger than him someday, then I will be the one who rules in the chicken coop and it will be me, the one all the chickens will watch singing in the mornings."

Flecos and Pretty ran out when they heard Nugget chatter angrily and as time does not stop; more days keep running without outstanding events, almost routinely until King began to feel the need to join the hens to start having chicks like all the roosters on the farm, but was afraid of not being accepted by any other hen because he was different in attitude and his way of life King. As he went to Charisma's pen on the northern side of the farm where all the horses live to talk to her. When the horses saw him arrive, they got excited.

Elvis, the big horse whinnied. "Look who's here! The cockerel who gives orders to everyone and then runs."

With disdain and without paying much attention to the words of Elvis, King asked "Where is Charisma?"

Jackson, the funny horse answered him. "She is running in the field, but if you sing, she will listen to you and come to see you because she will know that you are here."

King filled his lungs with air, then opened his beak and with his strength of voice, yelled, "Kikirikiiiiii!"

After a moment of observing King's attitude, Indigo the wise horse asked him, "What's wrong with you? You look sad and confused."

At that moment Charisma arrived agitated to galloping but slowed when she saw King. "I'm here. I was walking through the countryside when I heard your song. It is strange that you come at this time, what happened?"

King walked close to his mother and with a melancholy look in his eyes and a sad tone in his voice he said, "All the roosters have many hens, they walk with them on all sides, the hens lay eggs, then the chicks are born. Even the cockerels have their chickens but sadly, I do not have any. I am happy to run around the farm and visit the barn, but wherever I go, all the roosters are with their hens. I feel very alone!" He was nearly crying.

Charisma nickered softly to her son. "Do you want hens? See how the roosters run behind them, then grab them on the neck. They take them to the ground. You do this, then take them with you. Go away from the chicken coop. If someone tells you that you can't, just kick their tail feathers."

"No!" Indigo stepped forward with authority. "That's not the way to conquer a hen. The roosters jump, open their wings, then dance in circles, touching the ground with the tips of their longest feathers. This brings the attention of the hens and if you do your dance well, any of them will follow you wherever you go."

"King is the king!" Charisma answered. "He does not have to dance. He must only order them, and the foolish hens must obey."

King was confused by the different responses he received. "I do not want to lose my freedom. If I join the hens to form a nest in the henhouse, I will stop being completely free."

"Freedom is the main thing," Charisma said. "I have taught you that you should never let yourself be trapped."

Indigo set his sights directly on King's eyes and spoke softly but firmly "A wise king always knows how to govern, and you should never fight against nature.It is time for you to join the hens, but you must do it properly, without force, without forcing them, to always find loyalty in them. Do not give them blows. Admiration and trust are the twin engines of your happiness. A rooster does not lose his freedom when he finds a hen – what he earns is a home!"

Hearing what Indigo said, King asked. "Then, should I act like a rooster or a horse?"

"You must be yourself! Follow what you feel in your heart, regardless of whether you are a rooster or a horse, look for your destiny and do not worry about losing a bit of freedom, sometimes it is necessary to lose to win happiness in life!" Charisma said.

Indigo opened his eyes wide, surprised by Charisma' response he playfully chimed in. "Silly mare! You have told one truth; you cannot always win. You must learn to listen and follow your feelings when it comes to happiness."

Encouraged by the advice received King jumped with joy and started running while shouting, "I'm going to the chicken coop! The hens that want to follow me will have to sleep in the pens next to me."

King kept running until he reached the entrance of the hen-house, where he stopped. Closing his eyes, he took a very high jump. He opened his wings to the wind and began to dance in circles with the tips of his feathers brushing the ground. He opened his beak and let them listen to his song. He was in love with life, and he wanted to prove it. Very quickly, several hens started to dance around him, but the arrogant and proud rooster selected six hens among them. He told the others they could leave.

Everyone saw him, everyone knew him and the whole farm knew his name, King. He had a presence, strength, courage, and skill. All the roosters were afraid of him, but all the hens followed him unconditionally wherever he went. Soon, his six hens began to lay eggs; the humans were happy because they collected more eggs than usual. The six hens laid up to ten eggs every day. King was free and felt he owned his surroundings. He had undoubtedly found his place as "The King of the Farm."

Complications

>——·——<

In the following days, after King joined the chickens they were partying in the henhouse. Apparently, everything seemed to be in order, there were no fights between the members of the henhouse despite the fact that some roosters disagreed with the way King had named himself as the leader. They dared not to protest because they were afraid of him.

Additionally, for the safety of all the animals that live there, there is a strict control of cleanliness and recycling promoted; teaching people that many of the items we throw in the trash can be highly harmful to the environment.It is said that "The cleanest city is the one that gets the least dirty," but how do you control the growing increase of garbage when the population is consumerism and, in many cases, lacking in the social and ecological sense necessary to put the garbage in its place. Many times, we do not perceive the severe damage that we can cause with a simple paper or plastic material out of place. That's why the farm organized small events where they would invite people to visit and learn how to help conserve our environment garbage-free in the streets.

Orlando is a magical city, full of color, with lots of fun to be had, either by day or night. Children have fun at the theme parks or by participating in any of the attractions that the city of

Orlando offers, and adults relive emotions numbed by time, work, and years. Alex the employee who takes care of the horses that live on the northern side of the farm also has fun participating in the local fairs to promote the activities of the farm. Although, it bothers him to observe how some people throw garbage everywhere even when they had a trash can nearby to do so.

One day Alex was at the fair when the wind began to blow suddenly, knocking down the pamphlets that were on the exhibition table and while he picked them up he approached a mother and her son who were buying a cotton candy and without knowing why he stopped to observe everything they were doing and heard how the boy told his mother that he could not remove the emerald green ribbon with which the bag was tied. The mother helped him but in doing so the child dropped the emerald green ribbon, then he said, "Mom I dropped the emerald green ribbon that tied the bag!" and the mother answered, "Leave it son, let's have fun, someone else will pick it up". Alex, a little annoyed at the mother's answer to her son, wanted to pick up the plastic emerald green ribbon when the wind suddenly blew it with the forces of the wind through the air until it was trapped in the highest part of a tree. Then the wind blew it again and without knowing why Alex continued to watch as the emerald green ribbon disappeared in the sky driven by the air that moved it undulatingly.

It is amazing how the wind, at a certain moment, can move objects from one place to another at amazing speeds. This is especially prevalent when you live in a city that is constantly threatened by tropical storms or hurricanes. You can imagine how simple it is to blow and move small objects... imagine now the journey of an emerald green ribbon that is carried by the wind many miles away.

Sometimes in our life simple situations occur that we cannot control and as time passes they create chaos in our lives leading us to ask ourselves, how Something quite simple can change our environment and make us think that the life that we live is hard, difficult to cope with – even in the calm of the landscape. Even with the security of being able to breathe fresh air every morning.

On the farm, there is a lot of fields, divided by fences that form corrals of pastureland, full of trees with free space so that the animals can run and play.

Since Charisma taught King to run around the countryside, one of his favorite activities was to get up very early, go out, and enjoy the sunrise. In winter, he felt the icy wind in the mornings as he sang his song throughout the grasslands. The other animals heard him singing but nobody could see him because the grass had grown very high and he was hidden.

The tranquility of working on the farm and taking care of the animals is sometimes interrupted by unexpected events that create a different environment and that make every day on the farm interesting. It can be full of joy or sorrow. The whisper of the wind is interrupted by the sorrowful or sad bellow of an animal. A sad horse is heard, "Hhnnuuuuhhhh... Hhnnuuuuhhhh..."

"What's wrong Charisma?" Indigo was startled by Charisma's sudden bellow. "Why are you crying like that? Has something hurt you.?"

Charisma slowly turned her big head to Indigo and answered with a sad tone. "The storm last night was rough. It rained very hard, I waited for King, but he did not return. I looked around the corral, and I have called him over and over. Humans have visited my pen because they think something is wrong. Does anyone know where King is?"

All the horses had already approached Charismas' corral, attracted by her bellows, to find out what was going on and Jackson answered. "No, I have not seen him since yesterday afternoon when he went to the field."

"I looked for him this morning by the field, shouting his name from my fence too, but the grass is so high that I could not see anything. I called him... but he did not answer." Charisma sighed. It was clear she was worried.

"Maybe King decided to move to the henhouse, since Lately he spends more time with the chickens than with us." Said Elvis the big horse.

Charisma shook her head and snorted. "No, King would not do that, I'm worried because he said he wanted to see what was on the other side of the forbidden place. Once I heard that the big door... you know that one the strange noises come out of? Well, it was open and Stripes, the cat, who came out. He saw many humans walking. He said he saw big monsters running, there were many lights, and they all called him *Stripes*. Then, he felt a gigantic web that completely covered him – the humans held him tightly. Stripes tried to escape but could not move. Then they put him inside a cage. After a long time, they took him out of the cage, and he saw the farm and heard the other animals talking. He wanted to get free, so he scratched and kicked at the human holding him. Then he ran – ran away and hid in the back of Jackson's pen. I heard that he has never again walked near the forbidden place.

Indigo tried to calm Charisma by saying, "King is curious but very intelligent. He knows that no one can leave the limits of the farm because who does will never return. King knows that it is forbidden, even if the main door is open."

Charisma's head jerked up. "Look! The hens are coming. Ask them about King because they are so stupid that if I ask them, they will not answer me."

"Hey hens," Jackson said and asked them. "Does any of you know where King is?

Pretty, the youngest answered him. "No. Flecos and I have looked in all the pens. Cristy and the other hens have searched everywhere, but nobody has found him. We do not know where King is. Since the storm started, we have not seen him."

Indigo began to worry and reflected. "Yesterday, the night was dark, then came a fierce storm. It seems that King disappeared because he has not been seen for a day. It is very strange since all his hens are looking for him."

That day was very long for Charisma. It was the first time that King was not heard singing or seen walking around the barn. Despite the concern and the search organized by the other animals, no one could find him.

At dusk on the second day of King's disappearance, Charisma's despair was had grown to a great sadness because she did not know where else to look. She had run all over inside her corral, shouting his name. At the end of the day, Charisma stopped at the far end of the corral. She raised her head and saw King walking slowly toward her, followed by three of his hens who had found him in the field.

But something was wrong. He was walking strangely. When King reached her, Charisma lowered her head to see what had happened. She noticed that King's legs were tied together by an emerald green plastic ribbon. It was knotted on each side. He only had about ten centimeters between his legs so he couldn't walk properly.

Charisma opened her eyes and they slowly widened, she had been desperate for King's disappearance and now that she had him in from of her, her despair turned into anguish to see him tied by the legs. She began to kick the ground hard while shouting out to them. "Hens! What happened to King? Who tied him? King, where have you been?"

"We do not know." Red spoke up for the group. "We found him hidden inside a hole at the end of the field near your corral. When he saw us, he came out and started hopping. Since then we have followed him, but he has not wanted to talk to us."

King was scared. His feathers were covered in mud and his eyes reflected sadness and anger.

Charisma trying to calm dawn and whinnying slowly to king, "Dear son, I've been so worried about your disappearance for almost two days! Could you tell me what happened to you during the storm?"

King remained silent, visibly stunned. Awkwardly he sought Charisma's protection by standing between her legs. It seemed that he was not listening or that he did not understand what was being asked. Charisma repeated her question.

"King, what happened to you?"

King spoke quietly, forcing Charisma to bend her legs and lie on the ground, lowering her head to king's height to listen carefully and be able to understand what he said, "I was running around the countryside, enjoying nature when something caught my attention. Then I looked up at the sky, watching the approaching storm. In the cold wind, I saw something waving. It was something, long, bright, and green that moved like a huge worm. I started running to try to reach it because it was coming closer and closer to the ground. When it landed, it stayed still on the grass. I kicked at it and pecked. Then, without realizing how, it got tangled up in my legs. Every time I tried to get it off, it got tighter. Then I ran, but I fell because it got stuck in a fallen tree branch. In desperation, I began to flutter and pull, but each time this green thing wound tighter on my legs. Then, when I got rid of the branch I wanted to run, but I could not, so I walked. As I walked, I fell many times because I could not get away, until I found the hole where I hid with the intention of spending the night in there, but I felt so sad that I stayed longer. At the dawn of the second day I wanted to tun and sing but with my tied legs I couldn't do it then I continued to get into de hole until I heard the hens calling me and decided to get out of the hole."

Charisma's large eyes filled with tears and her heart began to beat faster as she thought of ideas. "If I put my paw in the middle and I pull it with my shoe, I'm sure I can take it off."

Indigo warned her, "Do not do it! You would break his legs and King would not walk again."

Charisma continued, "But if I bite it with my teeth, I can safely remove it."

"Do not do it because you would also bite his legs and crush them with your teeth, so King would not walk again. It is best to get the humans. They can help him!" Indigo was insistent.

Charisma shook her head, shaking her mane. "The humans? No! They will only take away his freedom."

Hearing the possibility of going with humans, King became restless and got worried. "No! I do not want humans to touch me, I'll find a way to remove it."

Two more days passed. King did not leave Charisma's side. But, on the third day, he began to walk around the farm, although he could not walk well or run normally. When all the animals on the farm saw him walk strangely, they did not show the esteem that they'd previously given to him. When the humans realized the situation, they wanted to catch King to help him. The humans wanted to take off the ribbon that tied his legs, but King was proud, and every time they approached, he fluttered so hard that he'd slip out of their hands. They could not catch him; it seemed as if someone warned him every time, they tried to grab him.

What humans did not know was that Charisma warned him if she saw them coming, "Lookout, King! The humans are coming for you, run, run, run!" The next time, she said, "Do not let yourself get caught, or they'll put you in a cage, and you'll lose your freedom."

Watching that and knowing that humans were not evil, Jackson begs King, "Hey noisy rooster, let yourself be caught. The humans just want to help you."

But King agitated and scared cackled. "Humans cannot help me; they just want to take away my freedom." while he walked fluttering towards Charismas' pen.

"Stay hidden here and do not come out, King. Charisma advised him, "Humans cannot find you because they do not know that I hide you in the grass. I'm going to make a huge hole under the floor like the hole I made with my shoe when I found you when you were just an egg, but now I will make it much bigger so no one can see you."

Jackson trying to make Charisma understand that humans just wanted to help King, argued with her. "No. The humans just want to help the rooster. You should let him go so that his legs are released. Do not hide from them."

Charisma evoking the past, when she still did not live on the farm and let thick tears fall from her eyes, remembering that some humans had locked her in a very small cage for her large size and how they beat her and kept her waxed with wild chickens

40

that pecked her legs and took her food away. At that time she only knew cruelty as the only feeling that humans were able to express, then replied to Jackson snorting sadness in her words, "The humans just want to take away his freedom and lock him in a cage, so he cannot fly wherever he wants."

Charisma ignoring the other horses, and kept King hidden in a hole under the straw and she carried food inside her mouth to feed King every time humans gave it to her. However, King's way of being was a mixture of wild and free. That nature motivated him not to sit so King left the hole and went to the hen-house looking for his hens. The hens still patiently waited for him to come out of the corral to be near him. When they saw King, immediately started followed him. King began to walk through the stable followed by his harem of hens waking up the envy of the other roosters, who watched him carefully and with displeasure.

Biscuit the brave rooster asked Nugget, "What does King have on his legs? Why does he walk so strange? Why do we not see him near the chicken coop frequently?"

Nugget answered him. "I don't know, but their hens spend more time alone than accompanied. That's something that makes me happy! I want them for me, although seeing them now again with King, I can only feel angry"

"Do not go near King's chickens because he knows how to defend them very well. You will get hurt if you try, and King is much stronger than us," Biscuit said.

"I like Red a lot and if King leaves her alone again, I'll look for her," Nugget said angrily.

The humans, seeing that King had returned and that he still had his legs tied, decided to try to catch him using a blanket as if it were a net throwing it over King. They wanted to trap him without hurting him and they thought it would be easier if they did it when King was walking through the barn. Despite their best efforts they did not succeed when attempting to trap him using the blanket. Subsequently, they tried to trap him between five humans at the same time to block his way so that he could not escape, but King fluttered so hard and he walked away jumping over them. They could not catch him. Seeing that all their attempts to trap him failed, the humans decided to allow other people to come to help because they only wanted to untie his legs. They wanted King to avoid being hurt or cause scenarios that would bring harm to himself by not being able to run freely through the farm. Many humans made several attempts without success, they only accomplished scaring him. Then King, tired of being chased, hid for a while again inside the hole under the straw in Charismas' pen where nobody could find him.

Some members of the chicken coop who had observed the persecution that humans expressed towards King and his frequent notorious disappearance, began to wonder: *What will happen to King? Why do humans pursue him?* Why does King disappear, and nobody knows where he is for several days? Faced with the constant clucking in the henhouse, Nugget and Biscuit stayed in the henhouse continued to watch as King's hens remained alone and unprotected.

Nugget thought, "Cristy the confident hen, remains close to the King's hens as if she were taking care of them, but I don't care for that", so approaching them he cackled at Red, "Are you alone again? It seems to me that it is time to change roosters because surely King already became *Horse!*"

Biscuit began to squawk, inciting disorder, "Stop clucking Nugget! and let's see who catches more chickens, ha, ha, ha, ha."

Both roosters began to run chasing King' hens, who scared did not coordinate where to go. Pretty shouted, "King, help me!" While Red shouted too, "King, come and protect me!". Since both hens knew that they were the main objective of the abusive roosters.

Cristy the confident hen, watching how the six hens began to crow very loudly while running around everywhere because they were being chased ran to Charisma's corral to let King know what was happening. The roosters jumped on the hens and held them by their necks hitting them, throwing them on the ground. When Cristy arrived at Charisma's pen, she stopped facing the fence and began to cluck loudly, shouting in order to be heard by King, "Help, Help!"

When King heard Cristy's crying for help, he began to sing from his hiding place KIKIRIQUIIIIIII, but the other roosters could not hear him because they were far away. Cristy continued to squawk in fear, King came out of hiding and, opening his wings, he began to walk as fast as his legs allowed by the emerald green ribbon. When he arrived at the fence of the corral, he wanted to pass through the middle of the boards, but unable to open his legs wide, he tripped on the ground, rolling a cloud of dust that left him dirty and struggling, unable to sing. Cristy watched the scene with discouragement. It was the first time that King did not stand, imposing and energetic, in the middle of a battle; this time he was on the ground tied to the legs with wings open, flailing and his beak full of dirt.

Cristy's eyes filled with tears but she kept quiet, feeling sorry for King. The situation became more than terrible for King, as humans began to come to the corral attracted by the scandalous noise caused by the screams of frightened hens. When the humans arrived, they found the wild rooster lying on the ground and the first thing that they thought was to catch him due the pathetic nature of his situation. So, this time they tried to capture him with a fishing net, which they opened between three humans at the same time. Throwing the net into the air above King, they tried to catch him, but despite the ribbon that tied his legs he was still too fast. King sat up and flapped away from the place leaving his hens alone, unprotected and at the mercy of the roosters.

When Nugget saw how King ran away, he began to laugh and sing happily. "Ha, ha, let's go for it, King. Defend your hens!" Then Nugget insulted him, "You remember when you hit me because you were imposing a new order on the farm. Go back and defend what belongs to you. It seems that instead of rooster, you are now a hen!"

Biscuit listening to what Nugget said, got filled with courage and began to challenge King as well. "Come on, dare to hit me because I am taking your hens. Come show me your strength! Come, brave rooster turned into a coward! I am waiting here. From now on, I am the new king of the farm! Ha, ha, ha."

The hens did not understand what was happening, they were baffled. They only knew that King had not defended or done anything to protect them. At that moment some of them were filled with resentment and they began to see King in a different way, without admiration, without respect and without love, because they did not understand what was happening. They selfishly did not understand King's situation. Then four of them, feeling that they were being left unprotected, decided to stop fleeing and followed the roosters who walked proudly for having won a battle that they'd never fought.

The other two hens didn't know how to act, because they still wanted to stay next to King. Red sadly cried out to Pretty. "King left, he left us alone. He did not want to fight to protect us!"

Pretty the young hen, who since she met King had a lot of admiration for him, begged Red, "Do not go Red! Do not be like the other hens that went back to the henhouse following the other roosters. I'm sure King will return. He will not abandon us. I know he will protect us!"

Dejected and disconsolate by the shame he had felt, King went back to the hole and was not seen again for a couple of days; nevertheless, despite that, Pretty and Red were still waiting for him on the other side of the fence of Charisma's corral. Inside the hole King began to feel depressed, so after a while he decided to leave the hole. When the two hens saw him walking outside the corral, they ran to find him and began to follow him. So, they walked again around the farm. They stayed away from humans because King did not let himself be helped by humans. The other roosters had already discovered the difference in King's strange way of walking and why he was no longer running. They knew now that his slow and clumsy step was due to the emerald green ribbon that tied his legs. The roosters were devoted to disturbing the two hens who were at King's side.

Nugget and Biscuit constantly attacked Red and Pretty, challenged King to protect his hens. Then laughed at him, because every time he wanted to defend them, the result was always the same – he could not run to protect them. When King wanted to help his hens and scare off the roosters, he stumbled and fell to the ground to receiving blows that the other roosters gave him. They mocked and pecked him with rage that came from envy the roosters who had their legs free and were faster than him because of it.

The situation became desperate for King, he lost the desire to sing and he no longer wanted to leave his hiding place in Charisma's corral. Depressing feeling began to appear in his heart and soon intensified. He increased and justified his feelings of self-confinement by pitying himself because apathy seized him. The frustration of not being able to run and defend his position in the farm grew. A great emptiness to begin to grow inside his heart, and he began to lose the joy and enthusiasm to live.

Survival

—◦—

Life sometimes puts you in a privileged position and gives you everything you need to succeed, simply because you were born. But if fate bends you to its will and decides to put you to the test, in the face of the consequences of your decisions, and fate fighting against everything you want or aspire to achieve, then it is time to show your character and overcome the problems. Reflect on the situation you are living to improve the skills you have or develop new skills to fight and win!

Sometimes people think that animals are different from humans in the way they interact with other animals, but I believe that the predominant difference is that animals learn to develop lasting bonds of love and a sense of unwavering fidelity and loyalty. When it comes to a mother's love for her child, there is no sacrifice, no devotion that can make a difference; because it is to show that maternal feeling knows no boundaries between humans and animals.

The melancholy and passive attitude of King had Charisma very worried. Every time she saw him inside the hole with his sad eyes and without the customary bright light that showed joy, it would make her heart feel broken. Charisma whispered very close to the entrance of the hole, "King come and eat. Son, please don't be sad anymore, let's find a solution", but King didn't answer and didn't have any reaction to Charisma's words. Therefore, the mare decided to talk with the other horses. The humans had moved Indigo the wise horse to the south side of the farm where the cows lived, he was no longer close enough to talk to her. Charisma whinnied loudly so that the horses could hear her and come to her. When the horses arrived, she told them, "Since King has had that thing tied to his feet, he does not sing in the morning anymore, he won't eat... he's sad and lonely. He just wants stayed inside the hole. Four of his hens do not look for him, the roosters hit him. King cannot run to protect himself, the chicks in the henhouse mock him, and King became a clumsy rooster, afraid to face the young roosters. I don't know what to do to get him out of the hole."

Jackson the funny horse listened very carefully and said, "We must find a way to help him! We cannot allow King to change his way of being, but what can we do?"

"Indigo always has answers for everything," Said, The big horse Elvis. "If he were here, he would surely tell us how to help. But we cannot talk to him because the humans moved him to the south side of the farm, and we do not know in which corral he could be."

Jackson chimed in, "I heard one of the goats that walked in front of my corral, say that the humans moved a horse into Silvia's pen, the ugly mare. Maybe that horse is Indigo, but I don't know where that pen could be".

"I'm not Indigo, but humans moved me temporarily in his corral. I can hear everything all of you say. I can help too." Said Murango, a wild and lonely horse that lived alone inside his corral on the east side of the farm, where animals live that have not yet been fully domesticated.

Elvis watched Murango for a few seconds and then snorted. "What help can a wild horse give? Especially one that only knows how to fight with everyone and knows nothing of life on the farm."

Murango raised his front legs and hit the ground hard, looking defiantly at Elvis and said "I'm also like King; I was born free and enjoyed a life with my herd of horses running through the field at the speed of the wind, without obstacles, independent, sure of myself until a tragedy forced me to come to live on the farm. Someday I will tell you my story, but now if you want advice to help the proud rooster, I will tell you he has not realized how much he needs help and company from others."

Murango was abruptly interrupted by Jackson, who snorted loudly and said. "Shut up, you overly proud horse! I have seen that you do not receive anything from anyone, and now you want to teach us how to help?"

Visible irritated Murango whinnied, "Let me talk! If you want to help the rooster, do not let go of the legs. First, release the heart, then King can recover his freedom and his position on the farm."

Charisma had been watching and listening to the conversation between the horses. She turned sharply and shook her mane, lifting both hind legs. She kicked abruptly towards the fence in Indigo's corral where Murango was. She turned and whistled raggedly, "Go away, wild horse! How can King recover freedom if the legs are tied?"

Pretty and red, the two hens who had patiently waiting for King on the other side of the Charisma's corral, became frightened by what was happening among the horses and began to walk inside the corral.

"Look!" Jackson shouted, "those two hens that rest all day on the ground, near the Charisma's corral waiting for King, they have risen!"

Red crowing, "We've been listening to everything you said. Pretty and I can run around the farm and looking for Indigo."

Pretty, also crowing, "We know the south side of the farm, we can look for Indigo's new corral. Then return to tell you where he is."

Elvis reacted with joy at the suggestion of the hens and kindly told them, "Hens, hens! At last you have decided to do something. If you run throughout the south side of the farm and look for Indigo, then maybe you can find him. We do want to know in which corral he is."

The hens, encouraged by Elvis' words, shook their feathers, flapped their wings vigorously and then began running desperately towards the south side of the farm. They ran screaming and cackling, "Where are you Indigo?" Hoping that Indigo would hear them.

Charisma with her usual antipathy for the chickens began to shout, "Silly hens! With so much racket, Indigo is going to be scared." She then turned her head to the horses and said, "We should not trust them and think that the foolish hens will find the corral where Indigo is."

King overheard everything the horses and hens said from inside the hole where he was hiding. He felt motivated by a desire to speak with Indigo, the wise horse to whom the rooster had a lot of respect for, so King decided to leave his hiding place.

Elvis was the first to see him walk out of the hole and shout, "Charisma, look! King is coming out of hiding from the hole you built under the straw."

Charisma's eyes opened wide surprised to see King out of the hole, but she was also afraid that King wanted to get out of her corral and that the other roosters would hurt him. Concerned for his safety she begged, "Stay close to me King, I want you to get out of the hole, but I don't want you to get away from my corral. Here, I can protect you, I am fast, strong, and the humans cannot stop me. If a rooster approaches, I will defend you. But King, please don't go back in the hole, you can stay hidden under the straw in my corral."

Jackson confused by the reaction and the words of Charisma stamped his hooves and shouted. "Dumb mare! How is King going to be released from the ribbon if he is always hidden in your pen under the straw? If he's Stuck there, he will never be able to take off the ribbon that ties his legs. If he remains hidden, nobody can help him."

While Jackson and Charisma argued, the horse Elvis watched the sad countenance of King and felling moved, asked in a sweet and affectionate tone, "What's up, King?"

King kept his head down while slowly scratching the ground under his paws, "I'm tired. I think I cannot resist being locked in that hole anymore. I do not know what to do! I feel desperate and try not to think, but the reality is that I cannot run anymore. I can only walk when the night comes, and nobody looks at me because I'm tied by my legs. When everyone is asleep, I can jump the fence without making too much noise and peck at this green thing that keeps my legs tied.

My beak hurts because despite my efforts, I feel like I will just hit the ground. I've tried so many times that, my whole body hurts already! I would like to go to the chicken coop to eat corn. I wish to see the chicks born, but I cannot stand hearing the mockery of the other roosters. When I look at the hens, I would like to dance in front of them, so they can return to my side. But how to do it? Now I am so clumsy that I cannot even defend them.

Moved by King's response, the horse Elvis had wet eyes, holding with great effort the tears that pressed his pupils to not cry, when suddenly Jackson yelled, "The hens are coming back!"

Extremely agitated by the trip they had made; the hens returned to the Charisma's corral after finding the place where Indigo was. Pretty happily smiled as she saw that King was out of the hole and flapped towards him, exclaimed. "King, you're here! We bring news, we know where Indigo is."

Red with a cheerful cackle, said "Indigo is not far, he's two corrals away from the southern entrance, the humans moved him inside Silvia's corral, that mare who is different from all the others."

Charisma was surprised that the hens had become found of Indigo and quickly motivated King to go looking for him. "You must go talk to Indigo, King, he will know how to advise you on what we can do to help you cut the ribbon that ties your legs."

The depressing feeling King had made him not quite understand what the hens had said and responded, "I know all the surroundings of the farm. To talk with Indigo, I must walk a long way, because Silvia's pen is on the south side of the farm, far away from here."

Trying to help Red sponge her feathers she started to shake her wings while she suggested to King. "If you climb on my back, I can run with you to the corral where Indigo is."

Thinking that Red's idea was a very good way to help King and take him back to talk with Indigo, Pretty added, "If Red gets tired of taking you on her back, I can help too. I can also take you on my back a section of the road to Silvia's corral, and that way you would not have to walk."

Listening to the hens, King recalled how many times they begged for help when the roosters attacked them and how frustrating he would feel at not being able to defend them. He also remembered how cruel the roosters were when they made fun of him for being so clumsy and leaving the hens abandoned when he would run away from the attacks of the other roosters. Letting himself be carried away by the memories King could not think clearly and was filled with rage at the situation he was living, he then shouted angrily, "No, I've received enough teasing!, you want to make me feel humiliated for all the roosters and chickens when they find out that you hens took me on your backs. No, that can't happen. I am strong! I cannot run, but I can still jump and walk. I'm going to talk to Indigo, but I'll do it by myself." The conflict of feelings unleashed inside his heart, did not allow King to understand the damage he did to the hens who only wanted to show him their love and loyalty despite the circumstances he was living, then in the middle of his emotional outburst King gave them a terrible croaking, "Get out of here, hens. Charisma is right – you are stupid."

Full of sadness and pain at the sight of her son's suffering, expressed in the harsh words King had said to the hens, Charisma let out her antipathy from the past toward the chickens. She expressed it through her angry whinny against them, pushing King to act cruelly. "Yes, the chickens are stupid. Go, King, pull their feathers, then kick them on their tails and butts!"

The poor hens felt terrified by the strong reaction of King and Charisma against them, so they asked, "Why do both of you treat us like this?" And without waiting for the answer they ran away in terror to the henhouse. Fearful and frightened the hens did not understand, why King and Charisma unleashed such aggressive attitudes against them If they were only helping? With tears in their eyes both hens continued to run in direction of the henhouse. While King watched them leave; his fury began to diminish until it was replaced by a feeling of sadness that occupied his being when he saw them leave.

King wanted to shout, "Forgive me, please don't go away, come back to my side".But his pride was also hurt and became the biggest obstacle to him when wanting to ask them to come back to him. At the same time that the images of how the roosters beat him when he wanted to protect them made him feel afraid because he knew that he was not able to protect them, so he saw the hens disappear in the direction of the henhouse without saying anything to them.

With a sad look and confused thoughts, King decided to start walking towards the south side of the farm in search of Indigo. Without saying anything, he started his journey walking towards the back of Charisma's corral, where he was sure that the other animals could not disturb him. His pace was slow, his movements tired but even though he knew that Indigo's farmyard was far away, he was certain that he would make it.

The horses were silent, none had said anything after the aggressive reaction of the mare and the rooster towards Pretty and Red, until Elvis shook his head, turned to Charisma and said. "You should not scare the hens like that. They just wanted to help. If King goes to look for Indigo walking across the back of the corrals, he will find that the path is longer, and it will be harder for him to cross it with his legs tied. It would have been better if he traveled with the hens."

With an attitude expressing doubt Jackson asked, "But do you think he's going to look for Indigo? King left without saying anything, walking with his head down and he didn't say goodbye to anyone."

Charisma said nothing about the comments of the horses but made a decision. "I'm going to follow him until the end of my corral. If he needs help, I'll be around to give it to him."

Murango the wild horse, had observed everything without intervening from Indigo's corral. When he saw that Charisma was preparing to follow King, he approached her pen and said over the fence, "When one of the members of my pack lost their sense of reality or hid in the midst of their nightmares and fears, forgetting completely where to find the necessary strength to not feel weak... when they became lost in pride or wrapped up in their thoughts, I always let them walk alone, away from the pack. This way they could learn with pain or courage to find itself!".

Hearing Murango's words, Charisma's impulsive temper made her jumped on her own shadow and with unusual rage, then ran to the fence that separated her from Murango. She began to kick hard at the wood repeatedly, as she wanted to eliminate all the pain, she felt for what was happening to her son. She huffed Murango. "Go away! Get out of here! Wild horse, how will King find himself if he is not lost? How will he be weak if he is a strong rooster? Go away! You are not helping, and I do not want you near here, I want the humans to return Indigo to this pen."

Charisma's raucous neighing and the heavy knocks on the fence generated a lot of noise that was heard across the farm. However, King did not listen to her. He was deaf, absorbed in his goal of reaching Silvia's corral. He wished he could converse with Indigo. An encouraging thread of hope, deep within his being, told him that everything could be solved. The impulsive characteristics of Charisma had earned her the reputation of being a silly mare and the bizarre noise that caused that day hitting the wooden fence, caught the attention of humans who began to arrive to try to control her, which only worsened Charisma's situation because when she saw humans she began to run around crazy.

Without realizing what was happening with Charisma, King continued walked toward Silvia's pen for a long time. He had to walk slowly because when his instinct invited him to run, he fell face down to the ground, hitting his beak. The space between his legs did not allow him to move quickly so he remembered how the chickens marched behind him, in a row, as they followed him around the barn. So, he decided to walk moving his legs with rhythm, with subtlety, with little gallantry, thinking that he was out of the woods as if he were walking toward a huge worm that does not want to let go. In this way he moved slowly and smoothly, without risk of falling head-first toward the ground.

After an hour, he reaches the end of Charisma's corral. He observed how tall the wooden fence was and that he could not pass underneath or between the wood to the next pen because the fence had a metal wire attached to it to block animals.

Looking at the wooden fence, King wondered, *what can I do to go up? I cannot run to take flight. I cannot jump up, either. I must think and find a way to climb because due to the wire net I cannot get through the fence.*

He began to walk in circles then opened his wing. He hit the ground. He realized that the force of the wind could raise him above the first board. Then he approached the fence again and flapping his wings, and pushed himself upwards, then fastened himself with his legs on the first board, at the same time, with his beak, he gave himself a balance by grasping the metal mesh. King repeated the same thing three more times until he managed to position himself in the upper part of the fence. Then He saw how high the grass was and how complicated it would be to cross it without being able to run freely. He also had to face the problem of how he would get off the fence.

After looking down at the ground for a few minutes, king asked himself. "How will I do this... to get down from the fence? What would happen if I jumped? No, I can maybe break my legs. But I cannot stop here!

And, for the first time, he had a different perspective on the physical composition of his body, previously he had depended on his legs to run, fight, dig, find food, separate fights, climb tall fences and live on the farm. On this occasion, he had to use his wings. He had done it before to reach the top of the fence. Now, he would use them to descend on the wind with his long feathers. Then he remembered how birds fly and how many times he had observed them from the ground. Up until now, he had never tried to imitate them. King's eyes filled with tears at an inexplicable sensation that oppressed his heart, which compelled him to move forward. He shook his feathers, spread his wings, opened them against the wind, and launched himself into the void as he moved them, managing to descend slowly without hitting the ground too hard.

When his legs touched the ground, King exclaimed with jubilation, "I made it! I made it! I made it! I got off the fence without using my legs to jump from board to board. And now I will use my wings to move faster through the grass, avoiding tripping over because of this thing that ties my legs."

When King began to walk, he realized that he could get lost in the middle of the green grass because it was very tall and thick hindering his path. If he did not advance, his legs could get entangled even more with the green emerald ribbon. It had happened before with the branch that had fallen from a tree and was lying on the ground. He started jumping while he fluttered hard, so he could see over the grass. He continued like this, without stopping, until he approached the next pen.

Tired and hungry, King came to the second fence that divided him from the pen where Indigo was. This time, there was no wire that would prevent him from passing under the first fence board.

King looked everywhere and realized that there was no one around him, "I'm tired, my whole-body hurts, I'm hungry but I think I do not have the strength to dig and look for food. Fortunately for me, the grass has many insects. I will stretch my neck and catch them with my beak open.

King acted on the basis of what he was thinking and began catching insects to satisfy his hunger and, thus, recover strength to continue. He still had a long way to go.

As he felt exhausted, King decided to stay where he was standing for a while and decided to rest. He folded his legs and laid on the grass. King began to feel sleepy, when he heard the noise of an engine at the distance on the farm. It was an unmistakable noise for the animals because that noise invited them to dinner. King slowly blinked but did not notice when he had fallen asleep from the fatigue of his efforts. After a while he woke up startled, raised his head, he saw that the light of day no longer shone up high, he got up and crossed to the next pen without much effort.

King walked rhythmically as if he were participating in a parade or a free-walking competition; at times he breathed deeply, flapped his wings and then leaped hard. Then, he flew very short distances, but with every impulse that he gave, he would get closer and closer to the third and last fence that separated him from the corral where Indigo was.

When King reached the last fence, his eyes were shining, his heart was throbbing with the emotion that he would soon reach Indigo. He remembered how all the horses around Charisma's pen had urged him to look for Indigo to find a way to loosen his legs and regain the freedom he so longed for.

Then, from a jump, he went up to the first fence board. Almost without stopping, but to propel himself, he opened his wings; he pushed himself to the second board. He did the same with the third and last board, then opened his wings, throwing himself towards the ground, leaning on the wind to glide brilliantly without hitting himself. When King managed to descend and fall on his feet, a cry of joy came from his throat. He began to sing happy because he was close to the final goal. Very soon he could see and converse with Indigo again.

King was so engrossed in his feat that he didn't realize he was being watched by Duke, the kind but stubborn horse on the farm. Duke after watching King, whinnied, "What a scandalous rooster! I had never seen a rooster that crossed from one pen to another in such an exaggerated way. All the roosters or chickens that I have seen before, they do it walking under the first board."

Hearing Duke whinny, King looked closely at the fence and said, "I'm very tired. I did not realize that this fence doesn't have a wire mesh, that's why I jumped from board to board to get into this corral. I'm here looking for Indigo. Do you know Indigo, the wise horse? Do you Know where he is?"

Duke was standing in the middle of a stream, with his head up and eyes half open, with an attitude towards the rooster. However, he answered. "No! I don't know him. Nor do I want to know where he is. Although maybe I should tell you that Indigo is always with Silvia, the ugly and strange mare, eating grass in the front side of this corral."

"Well, it does not matter that you do not know Indigo. You already told me where he is. I'll find him because I know it's right near here." King said excitedly.

Duke bent his neck a little and fully opened his eyes to said to the rooster, "How are you going to look for him? Because to go to the front side of this pen, you will need to cross this creek. In case you do not know, you have gone from one yard to another in the back side of the corrals, and to go to the front side, you must cross this creek that separates us." Then Duke raised his neck and closed his eyes again.

King began to worry about Duke's attitude, but in a gentle tone he said, "You're standing exactly in the middle of the creek, please. Could you stretch your neck towards me? Take me by the feathers and place me on your back so that I could jump to the other side of the creek. Or, maybe, could you stretch your neck so that, with your mouth, you hold me and throw me through the air? That way I can flutter hard until I get to the other side of the creek."

"Do you think, I don't know what you're thinking?" Duke snorted indignantly. "Do you think, I don't know your intentions? I do not move from here. If I get out of my place you will rob me of the space I occupy, then you will stay in the stream instead of me."

Annoyed because he couldn't get Duke's help, King asked him. "But you did not hear that the food is ready? All the other horses already went to eat. If you stay here, you will not be fed. The other horses will eat everything, and you will remain hungry."

When Duke heard the word *food*, he opened his eyes, pricked his ears, and opened his mouth to neigh with force. At the same time, he started walking to get out of the creek. Then King jumped up and flapped his wings to get up to Duke's back, his intention was to cross the creek over Duke's back. But, due to the speed that Duke had to move fetch the food, King could not climb Duke's back. Then when he thought he would fall into the stream, he instinctively opened his beak, and he held on to Duke's tail. Duke, feeling the rooster hanging on his tail, shook it with force, hurling King through the air, landing on the other side of the creek. King flapped his wings but could not help falling and rolling like a ball on the ground. Sore and tired, he lay on the grass for a long time.

As it would almost begin to get dark, Silvia and Indigo were walking inside their pen after they'd eaten their dinner, towards their shelter, when suddenly Silvia stopped and said loudly, "Indigo, look a rooster! He's lying there, but he's so hurt. It seems he is dead."

Indigo approached the rooster and exclaimed worried, "This rooster has lost some feathers, it is covered in sand. He is not dead." Indigo using his nose began to move the rooster. "Also, by the colors of its tail, I know it is King. The hens told me that he would come looking for me. But, why is he hurt?"

Intrigued Silvia asked, "Is this King? The brave and handsome rooster! The one who sings every morning. The poor rooster is hurt!"

"Yes," Indigo answered, "he seems hurt. What we do not know is whether the body or the heart because he was rejected by the whole henhouse. Let's wake him up."

Indigo gently moved King again with his nose, while as he called his name. "King, wake up."

King roused a bit and opened his eyes. "Oooooh, my whole-body hurts." At that moment King recognized Indigo and Silvia, "Oh, hello Silvia, hello Indigo, I'm looking for help and answers. I'm tired and do not know what to do. Charisma said to hide me, so that I do not get caught by humans. Jackson said to let me be caught and get help for them. Then I remembered what Charisma has always told me – that it was humans who caught and tied Stripes the cat. That humans just want to take away my freedom. And I don't know who, I should listen to.?"

Indigo stared at King and asked. "You've come looking for me from Charisma's pen? You have done it in the back instead of coming by the road in front. That way is shorter and without dangers. Look at you! During your trip you have lost some feathers and received blows and you know that you could avoid them by walking along the front of the pens."

"I came to look for you, trying not to be seen," King explained, "because the roosters do not respect me, the hens do not approach me. I cannot take off this green thing. The humans chase me. I do not want to lose my freedom!"

Indigo shook his head from left to right, because he was bewildered by King's answer. "You took a long and dangerous journey. You know I think it has been in vain because if I could take away the green thing that you have tied to your legs, I would have done it from the first day. Also, very soon I will return to my corral because Silvia will leave the farm and Murango the wild horse will come back to live inside this corral. Also, you only have already told me what others want – but you have not told me, *what do you want, King?* To find an answer or a solution to your problem, first you must know what you want for yourself."

King was bewildered by what he heard, he thought Indigo did not want to help him and answered with a squawk, "I want to be free!" King said decisively. "But I cannot run. I want to go back to the stable and the henhouse, but the roosters do not let me, they hit me, they peck me because I can no longer defend myself from all their attacks."

Indigo with a loud voice told him, "Enough, I already heard what you want, and I heard what you cannot do, but tell me what other things do you know besides complaining? Or feel sorry for yourself."

King thought for a moment. "On my way here, I discovered that I can open my wings, hit the air with them to climb the fences of the corrals. If I try, I feel that I can jump into the branches of the trees. I also know how I can hide where no one can see me."

Analyzing the situation Indigo told him, "That's the problem! That you have spent hiding from everything that happens instead of facing your problems and finding the solution to get rid of the green thing that grabs you by the legs. Also remember this: the humans just want to help you as you learned to help roosters and chickens in the chicken coop. It's time for you to learn to receive help in your life! So, now use what you can to defend yourself and achieve what you want. Start by shaking the sand from your feathers. That is something simple to do but still you have not wanted to do it!"

King was quiet, thinking, then he opened his wings, hitting the air, and so began to flap even harder to jump instead of walk.

He was crazy jumping and fluttering everywhere. Suddenly he stopped a few seconds and crowing said, "Thank you Indigo! I'm going to use what I do to defend myself. I'm going to walk around the barn again. I'll go back to look for my hens and chickens instead of complaining about how I'm living."

Indigo said, "Listen King, to win, many times we must change our way of thinking or acting." But King was no longer listening.

King did not fully understand what Indigo told and tried to teach him. He kept practiced fluttering and jumping for a couple hours until it was dark. Then he started on the way back to Charisma's corral, but he did not do it through the back way. This time, he began his journey on the main road, in front of the other animals. Then, when a rooster mocked or approached him on the way, King moved his wings, strong jumping at the same time, to rise above the rooster that wanted to attack him. Without realizing it, he began to develop the ability to fly, and in a short time, he returned to Charisma's pen.

Happy and excited for what he could do, he began to protect himself from the other roosters, climbing to the highest parts of the wooden fences, then jumping and flapping to climb the branches of the lower tree branches inside the corrals. King did not go farther from Charisma's pen and began to eat everything the horses left behind when they were fed.

Thus, he learned to get away from the roosters, to defend himself by jumping higher and higher thanks to the support of his wings. When there were problems, he would fly away from everyone to protect himself. Very soon, King changed his hiding place among the straw or under the ground in the huge hole that Charisma had made with his shoe, by the tall branches in the treetops on the farm.

Confusion and Defeat

$\rightarrow\!\!-\!\!\cdot\!\!-\!\!\leftarrow$

Every day, in every moment of our lives, we have something to choose or decide. When we find ourselves in difficult situations, we often make mistakes or blame ourselves for the consequences we must face. When finding a solution to our problems we do not care if it is the right one because at that moment, we only seek to change the circumstances that surround us. Without realizing it, we give up, even though we must enslave what we believe is right. We do not evaluate the possibilities. It is easier for us to let ourselves be overcome, no matter if we lose our dreams. Then our aspirations fall to the ground. We do not face the situation, we do not accept our reality, so we easily fail in every attempt to achieve success. But, if we recognize that each day that begins is a new opportunity to discover who we are, to build new dreams, to live realities, to correct our mistakes, to learn to live and be happy then we will achieve success.

With King's new ability to fly and the security it gave him to climb the branches of the trees; his spirit of courage woke up again and he began to feel that he didn't need anything else to start living again with freedom. King wanted to regain everything he had lost and began to consider that he was ready to face everyone at the farm. Then, one morning, he decided that he would not hide anymore and began to walk through the stable without fear of everyone looking at him. Full of emotions and with a strong spirit He exclaimed, "I feel strong! I'm going out for a walk around the farm. I miss the chicken coop. I want to meet the chicks"; the roosters and chickens were always the first animals to get up every morning on the farm and were surprised to see King near the chicken coop again.

Nugget saw him coming and cackled wryly, "Look who's walking. It's the presumptuous rooster who thought he was the king of the farm!"

Biscuit began to sing mockingly and with provocation, looking for a fight. "Ha, ha, ha, ha. Look, King, your hens! They are better with me than with you, ha, ha, ha, ha."

King felt that he had to prove that he was still the leader, he could not resist the provocation. Then he jumped and approached the roosters with his wings fully open, then pounced on them. Nugget received him with a hard blow to his legs that made King retreat, while Biscuit threw himself on King's back and using his paws in a wild way, he plucked several feathers off with his beak. Then pecked with a hard blow King's neck, sending him to the ground. The chicks watched from afar everything that was happening in silence, they knew that they could not intervene. The young roosters also watched what was happening and when they saw King plucked and lying on the ground they began to laugh and shout at him. "Coward!" They wanted to humiliate him. Then by running around in circles, challenging him to defend himself. "Get up and fight."

But King did not get up and was still on the ground, the peck he received in the neck also hit his head causing him to not see well or coordinate his movements. Seeing that King did not get up, Nugget pounced on him to continued beating him without mercy. It was terrible for the hens Pretty and Red to see how that beautiful rooster was hurt and not being able to help him. The scandalous noise they caused caught Alex's attention, the one in charge of the horses in the corrals on the north side of the farm, who ran towards them and using a hose he sprayed water to sep-arate them. The cold water caused a nervous shock in king's body, so he began to jump and flutter with no fixed direction. In that instant, Alex wanted to catch King to help him; but the proud rooster fluttered so hard, so strong that King escaped before Alex could hold him. Instinctively King continued to move away from the human. Alex did not notice the seriousness of King's wounds and gave up following him as he thought that having sprayed them the fight was over.

The blows received during the fight left King very hurt and Because of the effort made with the constant movement of his body and his legs began to become purple due to the pressure that the emerald ribbon caused him. Because of the effort made, the ribbon had tightened. Also, his wings were tired as he had flown a lot to get away from Alex, trying to get to Charisma's pen. Exhausted, but with his thoughts clear King's goal was to get to where his mother was. The fatigue he had, did not allow him to realize that Biscuit and Nugget had followed him silently and were hiding very close to him.

King was lying on the ground, trying to regain some strength, he was almost inside Charisma's pen. After resting a little. He got up with difficulty to continue his way, thinking that he could start walking without problems. He was motivated when he saw the fence of Charisma's corral so close to him. He knew that if he passed the other side of the fence he would be under the protection and safety of his mother. He longed to return to his hiding place in the treetop. But when he least expected it, Biscuit launched on him and together with Nugget they began to pluck him again. King began to lose his long and beautiful golden feathers by beating or because with the legs or with the beak the roosters took them off.

In an uneven and cowardly fight, both roosters continued to attack King vehemently, it seemed that they wanted to kill him when a chilling whistle was heard in the air. *Fuiuiuiuiuiikkkkkkkkkkk!* The two roosters stopped and left in terror because they knew what that whistle meant, leaving King almost destroyed and lying on the ground. While a gloomy silhouette landed on the ground, dark, reckless and threatening. Feeling like he almost died, with a great effort King raised his head to ask. "Have you come to eat? Because here I am as easy prey."

King as the eyes of the sparrowhawk looked at him with contempt and then with an angry tone he said, "Do you remember how you prevented me from taking and eating one of the roosters that attacked you today? Since then, I have observed you; waiting for the right moment to catch you. Wishing to eat you, because you looked like a dish perfect for a dinner!"

"And what are you waiting for? Here I am ready for you to eat me." Said King.

The Sparrowhawk took a few steps until he faced King's eyes and shouted imperatively, "I do not like easy food. Before, I could feel the courage. The courage running through your veins. It made me feel hungry. I wanted to tear you apart, eat you in pieces; but lying on the ground, full of fear? I'm not interested! You no longer seem attractive to be on a plate at my table. I will be patient. You will be the perfect bait. When those roosters come back to finish you, I'll be alert, and I'll eat them one by one."

The words of the Sparrowhawk were used to destroy what was left of himself inside King's heart. "Do what you want to me and nothing matters to me anymore." King was exhausted.

Slowly The sparrowhawk walked around King and whistled recklessly as if it were a war cry, "It's me who does not care or want to eat a failed rooster. Without you here, in a few days, I can eat the whole chicken coop!"

The sparrowhawk ducked his head, his eyes gleamed with rage and staring at King in the eyes, he opened its huge wings, shook them hard, lifted his head and rose towards the sky, then stopped at the highest part of a tree, from whence it whistled terrifyingly everywhere. He was announcing that very soon he would return to find food again.

Emotionally destroyed and with multiple blows on his body; King did not want to give up and using the few strengths that was left him, crawled to where Charisma stood. When he arrives, he continues to crawl to the other side of the fence. His body had red spots of blood that came from the wounds that the other roosters had caused him. Unable to climb the top of any tree, he crawled up to the straw to hide under it and seek the security of the hole where he had hidden before.

Charisma was returning from jogging on the field inside her corral. The humans had already fed her with horse food, and so she went to eat some hay as she did every morning. When Charisma lowered her head to eat, noticed that something was moving under the straw. Using her mouth, she began to look for what was hidden in there. Her huge eyes widened, and she whinnied, "King! What happened to you? Then in one quick, instinctive movement she stepped back to call for help, "Elvis, Jackson! King is hurt, come quickly." After calling the other horses, Charisma returned to where King was. She was fearful that King would get into the hole, so she begged him with concern, "King, No! Do not get under the straw yet, wait. I'm going to lick your wounds and you'll see that soon you'll heal."

King's eyes filled with tears, "I cannot do anymore, Charisma, I'm tired. I have already lost all the strength of my legs. I feel very weak. See how the blood does not stop sprouting from my wounds. I do not want anything anymore because I have lost the desire to keep fighting."

The other horses were already on the other side of the Charisma's fence, heeding to her call for help and were watching what was happening, listening carefully to what they said. Jackson was the first to whinny, "King, let the humans help you. If you continue hiding without fighting, without healing, in a few days nobody will be able to help you."

King heard what Jackson said, but no longer answered. The pain in his heart was so deep that it seemed he had lost all sense of survival. Nothing mattered, he wanted to be alone and abandon himself completely to the emptiness inside him. Without saying anything and ignoring his mother's plea, he continues crawled until he was hidden under the straw and got into the hole.

After seeing how much King was bleeding, Elvis became very worried. "King should not hide in that hole under the straw. He needs humans to heal his wounds. If he stays hidden in that hole for a long time, he can die."

Charisma knew that Elvis was right in saying that King could die, but she was afraid to allowing the humans to take him away, "Let King rest for a while. Later I will lick his wounds and it will heal."

Hours passed, and King did not cluck to anyone. He was still hiding inside the hole under the straw. With the passage of the hours, Charisma's concern began to turn into despair because King had not fed yet, since he could not provide himself with food and he did not accept what Charisma gave him. His appearance was terrible and skinny, covered in blood, and without long feathers that adorned his tail.

Charisma watched him tenderly, her thoughts evoking the beautiful golden feathers of king that no longer existed. The memories of the happy days filled the thoughts of the mare who at that time began to cry inconsolably at the situation that her son was living. With sadness, Charisma begged him, "King, get out of the hole! I want to lick your wounds, to calm your pain. "But King didn't want anyone's help on the farm.

Charisma and the other horses had remained attentive almost all day to what was happening with King, that they did not realize that the humans had taken Murango back to the south side of the farm, returning the wise horse back to his corral, until Indigo whinnied with joy, "Hello everyone! I have returned to my corral and will stay here for a while. Silvia went to another place. In a few more days, the humans will take me with her and Murango will come live here. As no one answered, Indigo asked, "What's going on? There is a lot of silence here. Where is King? I have not seen him; I have not heard his singing either. Why does nobody answer?"

"King is hidden inside the hole, under the straw." Charisma said. "He is very hurt. He does not sing because he does not have the strength to do so and he does not make any noise because he is afraid that the other roosters could find him."

Sadly, Elvis added. "Also, King's legs are still tied. He's covered in blood and we are all worried about him."

"He's really hurt! King is bleeding, but he does not want humans to help him," Jackson whined.

Indigo's voice reached King's ears, making his little heart beat quickly with the excitement of knowing that Indigo had returned. Making a great effort, he began to push with his wings. It was difficult for him to get out of the hole. Then he moved over and stopped near Charisma and begged her, "Mom, take me close to Indigo."Charisma gently took him with her mouth and led him to where Indigo was, carefully placing him on the ground.

With the little voice that was left, King croaked out a few words. "Indigo, you have returned", Then he ducked his head as he continued, "Indigo, I'm so sorry I failed you. I did what you advised me, but I can no longer fight. I struggled to use the strength of my wings to continue living with my legs tied. It does not work! The roosters that I protected have turned against me because they envy me. I have been plucked and hurt so much that I no longer have enough energy to stand up again."

Indigo sighed heavily. As he struggled not to cry, he answered, "I do not advise you to learn to live with your problems. I invited you to use everything you had to solve them. But, apparently, you heard what was best for you. You did not fail me! You failed yourself! By letting yourself be defeated by that green thing that is so small compared to the destruction that it causes in your life. I do not understand. Why after so many days that have passed you are still tied by the legs?"

Puzzled by what Indigo had said, King crowed, "You told me to use the jumping and flying ability I had to protect myself and help me live on the farm. I knew that my wings were strong, that with my long feathers I could fly, that I could move to all sides of the farm. That's why I did not worry about my legs tied up because I did not need to run if I could fly. Also, I could still walk."

"No!" Indigo squawked, shaking his head while hitting the ground with his right leg, "You were wrong King, you must have used the strength of your wings, yes, to fly! But you should have found a way to cut the green thing that ties you to the ground, because if you were able to make such a difficult journey just to talk to me, you should have used that same energy that helped you to walk a long distance to find a change in your way of thinking. Eliminating everything that causes you confusion and does not allow you to see the irony of your decisions. You should have the courage to free your legs recognizing that you cannot do it alone. It hurts me to see you like this! Because I did not want you to settle for so little, I realize you are choosing to do the easiest and not the right thing. Arm yourself with courage and accept that you need help! Tell me, why are you alone? Tell me, where are your hens?"

King sadly answered him. "The hens left me. Of the six I had, four of them left with other roosters. The other two waited for me and accompanied me for a while, but when they saw me defeated, they returned to the chicken coop". Unable to define what was happened inside his heart at that moment, he felt pressured by Indigo's words. King squawked inconsolably, "Look at me. I am on the ground thrown, beaten and defeated."

Tired of hearing King lamenting, Indigo snorted with great force, "Enough! to feel sorry for yourself is sorry, indeed. Each one is a builder of his own destiny and maker of his fortune or misfortune. Why have you conformed? What have you done during this time with your love of life? Why have you lost the freedom to run through the countryside that you so appreciated?"

Feeling frustrated and tortured by what he heard, King began to cry. And with a soft tone he stammered, "I've survived, despite everything that has happened to me. I have Charisma by my side. I did not need anyone from the chicken coop to be safe. I could climb to the top of the highest tree, run long distances, feel free to fly against the wind but no longer – this is what I am now. Only a piece of old rag for everyone on the farm."

Moved by the reaction of king, his heart beating with pain at the sight of the rooster crying, Indigo ducked his head and sweetly said, "You have not survived. You have given up! You do not want to accept that, because of your way of thinking, your life has changed. I did not motivate you to use your wings to hide and change your courage out of fear. Remember how you helped everyone in the chicken coop and how you defended them. Remember what gallantry you sang your song to the wind. Everyone admired you as intrepid. If they no longer respect you, it is because you stooped respecting yourself. A leader knows when it is time to help and when it is time to be humble. You accept! Learn! To receive the help of others, whether they are animals or humans who provide it to you. A King always thinks about the common good, choosing the best for all, without selfishness, freeing himself from pride even if he must forget himself."

King's crying had stooped, and he was attentive to everything he heard. Looking into Indigo's eyes, he asked. "I do not understand! How can I trust humans? Charisma always says that they just want to take away my freedom. I was happy living alone. I should never have approached the chicken coop."

"Again, you are complaining about what happened in the past", said Indigo shaking his mane, "Understand! You cannot live thinking about the past. Charisma does not trust humans for what she suffered when a human treated her badly and for what Stripes the cat told her. That cat came out of the boundaries of the farm and was very scared. The humans just caught him to bring him back. If they locked him in a cage it was to protect him. But you have never given yourself the opportunity to know them and be close to them. That green thing ties your legs; But sometimes the words or experiences of others tie you to a small space where you settle for crumbs out of ignorance and for not living your own experiences. In your case, what you have not understood is that the green thing that binds you and that you wear on your legs is

76

where your spirit has lost its freedom!" Then, Indigo watched King to see if his words had any effect.

Suddenly King raised his head and looked at his own body. Without answering Indigo, he began to cackle, "When I first saw the green thing flying in the air, it excited me so much. I liked it a lot, that's why I wanted to catch it and bring it to the barn. But when it got tangled up in my legs, I fought to get it off! I could not get it off me. I was filled with fear for what everyone on the farm would think. When I wanted to run, I tripped for the first time! Then again and again. Then I felt fear of losing my position and my place on the farm. My own pride made me feel very strong, so courageous that I refused to ask for help. I never imagined everything that would happen to me. With the passage of time, I felt myself die inside. My selfishness did not let me think about the hens or about the other roosters following me as an example. I dedicated myself to feel this emptiness in my being, that took over me, robbed me of my dreams, my desire to be free and to serve. Now I know I'm still alive! And I regret having been so negligent. If I am going to die because of my injuries, I prefer to die fighting."

For a few seconds King remained silent. Then he lifted his head and moving it sideways, he noticed that it had already darkened, so he begged them, "Help me! Please, I want to go with the humans. I can hardly move. Now I know that I cannot do everything by myself."

Visibly nervous and bewildered by what she heard, Charisma asked, "King, do you really want to go with humans?"

Charisma's question made King hesitate, but with determination he begged her, "Yes. Charisma let me go! You know that I have always feared humans and after everything that has happened to me, I am now afraid of much more; but I do not want to die full of fears, so let me go."

Jackson had remained silent and suddenly whinnied, "I have an idea! Can you open your wings, do you think you can do it with force?"

King raised his winds and doubtfully replied, "My wings? Yes. But not my legs. No, because I cannot move them anymore,"

Jackson bending his front legs, got down and stuck his head through the boards of the fence that separated him from King, who was next to Indigo and with a loving tone he said, "I'm going to hold you by the back with my mouth then I'm going to throw you hard near the barn entrance door. You are going to open your wings with all the force you can, to avoid falling heavily on the ground. Remember to flutter hard, so your bones do not break. The most important thing is to fight to stay alive until the new day arrives tomorrow!"

With her heart grieving and tears in her eyes, Charisma rubbed her nose with King's beak and whispered, "I love you."

Indigo knew that King was doing the right thing, which was why he encouraged him by whinnying, "King, it does not matter what happened or what others say. I believe in you! And I know that you will achieve it."

Trying to eliminate King's nerves a little, Jackson playfully told him, "My friend, one day you'll shine again!"

All the horses stopped talking and a brief silence remained in the darkness of the night air, until it was interrupted when Jackson spoke, "Ready King? Remember to open your wings and fly hard. Remember to fight because this is not the last time, we will see you!"

Then Jackson sweetly, but forcefully, held King in the back, he pulled his head out of the fence and trotted to the end of his corral in the direction of the stable, where he raised his head and stood on two legs, throwing the rooster to the wind away from the corral. Farther than he could from his Own. While many tears fell to the ground, King would have to use his wings to fly hard and try to land near the stable. Seconds later, a thud was heard, and a cloud of dust rose near the barn door. There was no sound that came from the throat of the rooster that remained unprotected, out in the open, in the uncertainty of not knowing what would happen and in the insecurity of the dangers that night brings to the farm.

Starting Again

>——·——<

The darkness of the night had sheltered King, hiding him in the shadows away, from the disturbing looks of the nocturnal animals that often visited the farm. But on the morning of the next day, very early when the sun had not yet risen, and the cold morning wind threatened to freeze the rooster that was lying on the ground at the entrance to the barn. He looked awfully bad. He had lost many feathers. He had blood stains on his body and looked like an old rag. Alex the employee who takes care of the horses in the pens found him, at the side of the barn entrance when he was preparing the food for the animals on the north side of the farm. The king of the farm! Beaten, with both legs injured, bleeding because the emerald green plastic band that tied his legs began to burn and cut his skin. He had spent a lot of time tied up so the bone of his legs could be seen. His eyes were sad. His wings no longer had strength to flap.

When Alex saw the rooster, he was impressed because king had his wings extended to the sides and his eyes were sad and wild, "What is this?" Alex asked himself, because he didn't know what he was seeing. Then he reached down and with his right hand moved the animal, exclaiming, "I think it's a rooster. It seems dead. But why are Its legs tied with an emerald green ribbon?" At that moment Alex recognized him, "It's King! The wild rooster that did not let himself be helped. Could it be that some animal attacked him at night? Poor guy, he is very beaten, and his legs are very damaged. I can see his bones, but he has not been broken!"

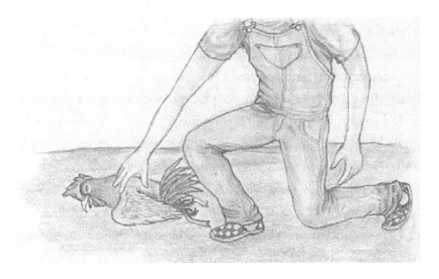

Feeling Alex's hands on his body, king began to make noises. "Gruurrrrrsss. Gruurrrrrsss."

When Alex heard him making loud noises, he shouted, "He's alive! I'm going to heal the wounds."

With the pain reflected in his eyes and without making any movement, King let himself be lifted from the ground. Alex took the bird in his hands. King seemed totally resigned to letting himself die; he had lost all desire to fight and live. It was the first time that King had contact with a human being. When Alex pulled him close to his chest and held him in his arms, a new and inexplicable sensation reached King's heart.

What is this that I feel? This makes me feel like crying but gives me the security and peace of mind that I am not in danger. I have never felt this strange heat that makes my heartbeat. It gives me peace inside!

Alex tenderly whispered in King's ear. "Do not worry, I can feel you tremble in my arms. Is it because of fear? Are you cold? Or will it be because of the pain you feel? But it does not matter what the answer is. I'm going to take care of you. I will help you recover. I hope you do not die because you are so hurt."

Very carefully, Alex carried him in his arms to the stable office where he gently placed him on a table. With great caution, and trying to prevent King from feeling more pain, he cut the emerald green band from his legs, then he applied medicine to his wounds and, with a dropper, put water in his throat.

Alex told King, "Your wings are fine, just a little plucked. Your legs, although they have no skin and bleed, are not broken. I'll call the vet and he will surely come in the afternoon to check your wounds; I will explain that we have an emergency on the farm. It makes me very sad to see you like this, laying there in pain. But much more sadness gives me the feeling that you do not trust me. Do not worry, King, I'm sure we'll be friends. With the medicine the vet will give to you and with my care, I know that you will run again in every corner of the farm, but while you are injured, I must put you in a safe place, where no one can hurt you and where you can recover completely."

Alex took King back in his arms and ducking his head, he kisses him on the forehead. When King felt that kiss, he remembered his mother's kisses and began to cry. Alex not knowing why King was crying, continued to hold him with his left arm and used his right hand to caress him; at the same time, he began to walk outside the office toward the cages of the stable for sick animals. Alex took King to an empty, large cage where they had not put any horses for a long time. But since it was too much space to keep King without trying him to escape, Alex laid him inside a smaller dog cage and set it up with dry hay, so King had a nest to lay on and then placed him inside the cage. Just then, the vet arrived and took King out of the cage again. The vet examined King and gave him some vaccinations. Then he applies medicine on his wounds and bandages on his legs and left some instructions to Alex to continue taking care of King.

King maintained a passive attitude and as he observed everything that happened around him, he thought, *"I do not understand. I am so afraid to be in here because Charisma told me that humans always take away everyone's freedom on the farm. But, at the same time, inside this cage I feel protected. I hope humans do not hurt me. What they put in my body is burning me and I feel that it hurts too much. But the caresses of these humans make me feel calm. Is it true, what Indigo and Jackson told me? Because they did tell me that humans are not bad."*

When the vet left, Alex put King back inside the dog cage and closed the door. King began to tremble; his heart was beating very fast because he felt that he would die in there. The biggest of his fears became reality. For the first time in his life he was locked inside a cage!

Alex, standing in front of the cage, watched as King trembled and slowly fell asleep, due to the vaccine the rooster had been given. He could see how that arrogant and proud rooster that was wild, just days ago, difficult to catch, at that moment he seemed like a sad chick who did not understand the help that he was being given.

The days went on and Alex began to gain the confidence to feed King every day, and while healing his wounds, he lifted him in his arms to speak softly, while caressing him.

"Soon you will recover, King. You will see that you will sing again, run throughout the farm. Sometimes, it is so difficult to understand why animals mistreat and hurt each other. Although, here on the farm we will never know what happened to you. Who was it that hurt you? But we do know how to help you. We will heal your wounds. We will help you to be strong and healthy again; we all want to hear your joyful singing. The other roosters almost never sing.

Listening to the human, King tried to answer by singing, but only strange sounds came out of his throat, "Gruurrrrrsss. Gruurrrrrsss."

Alex could discern King's attitude, "Do not worry. Do not strive to sing; At this moment you are still very weak. I am sure that in a few days you will be the most beautiful rooster of the entire farm and you will see that very soon your body will be covered with feathers again."

It had been several days during which King got used to living locked in the dog cage, forgetting everything that existed outside the cage. When king felt stronger, he wanted to sing but every time he tried only strange sounds came out of his throat. Nothing that could be defined as lament or gratitude. So, King decided not to try to sing again.

While King got used to Alex's care and living locked in the dog cage, the horses that lived in the corrals on the north side of the farm missed him and wondered, "When will King return to our corrals again?" Especially his mother; since Charisma, in addition to missing him, kept a constant sadness in his heart for not knowing anything about the rooster, "I have not seen King for a long time. Sometimes I think humans locked him in a cage. They took away his freedom." Charisma's eyes filled with tears and she whined with regret, "Other times I think he died, and he will never come back!"

Upon hearing Charisma's lament, Jackson the funny horse told her, "Since King left, you do not come near our corrals to talk. That's why, you haven't heard from King, one of the chickens told me that King is locked in a cage for sick animals behind Elvis' pen."

After hearing Jackson's answer, Charisma began to kick the ground hard with his right foot and started to shout, "I knew it! Those humans took away his freedom! I knew that if humans caught King, he would not come back."

Seeing Charisma reaction, Elvis the big horse told her, "Calm down, stop kicking the ground, the humans did not lock him up for evil, they did it to help him. King is recovering. The cage has a window where I can see him every day. Humans are taking care of him, feeding him and giving him medicines. You didn't know all this because since King left, you left too, walked away and never wanted to talk to us, until; today because you're here crying about him."

Charisma angrily told them, " It was not easy for me to let King go with humans, I miss him too much and my heart hurts every time I think of him", she then changed her attitude and with eyes full of tears Charisma asked, "Do you think King will return to my pen one day?"

Elvis answered her, "I have seen humans put many horses, roosters, chickens, ducks or goats inside the cage for sick animals. In there, they take care of them, give them medicines and help them recover. Then, when the animals are healthy, humans release them. The same thing is going to happen with King, he will get healthy and be able to leave the cage. I know he will return to your side and live in your corral again" Elvis looked at her, hoping she could have faith.

Charisma did not respond. She turned around and ran galloping toward the field at the end of her corral. The horses stood still watching her disappear in the middle of a cloud of dust and dry grass that Charisma raised when she started running. The days went by and King's injuries healed. New feathers began to grow. The energy returned to his body again, but his gaze remained sad, and his throat did not sing.

One afternoon the vet arrived at the farm to examine the sick animals and he also examined King for the last time and then said to Alex, "The time has come to finally open the doors of his cage, so that rooster can begin to open his wings and return to live in the chicken coop." Alex was very happy and said to King, "Tomorrow you will be free again."

The next day before starting his work routing on the farm, Alex headed for the cage where King was. "Good morning King. Today, we will let you go free. Today, you will be able to return to the chicken coop. Today, you will share with the other animals. The vet said yesterday that you're healthy. There are no more wounds to heal. You are free to return to the field. Your feathers are not yet long enough, but they will continue to grow and cover your entire body again. I hope that tomorrow when the sun rises again, I will see you standing on some wooden fence and the whole farm will be able to hear your joyful singing!"

While Alex was talking to King, he opened the door of the metal dog cage where the rooster was kept protecting him from the other animals and to prevent him from escaping. Then, Alex opened the door of the horse cage that allowed King to go out to the farm.

When King saw that nothing prevented him from leaving his confinement, he remained still. Seeing King's attitude, Alex Knew that he had to give the rooster time to decide to leave, but with an entire day passing, King had made no attempt to leave the security that he had inside.

King despite understanding the situation thought, "No; I'm not going to leave here. I'm afraid to go back to the barn or the chicken coop where all the roosters hit me. Hens despise me. I do not want to hear Charisma say that humans are bad because it is not true. Here I have food and a safe roof. I will not lose them. I'm no longer interested in returning. Now, I belong to this cage.

Alex had been constantly approaching the cage to see if King had already left and at the afternoon before leaving the farm he said, "This day has gone, and you did not leave your confinement. I hope that tomorrow you do not stay in here, because it's time for you to go and live again. Good night, King." Then he closed the cage doors and left.

The next day arrived. And the first thing Alex did when he arrived at the farm was to go to the cage where King was. Seeing the rooster very comfortable locked in the dog cage, Alex decided not to put food inside the cage, but he put it outside the cage where King could see the plate full of food, but he could not reach it.

Alex spoke to the rooster to motivate him to go out. "What's up, King? You do not want to leave. What are you afraid of? Come on, if you do not eat, you'll get sick again. Here's the food! If you want it, you must get out of that metal cage because it's small and it's for dogs. Look! We are inside a cage for sick animals and you're not sick anymore. Outside is much more space to start over again."

King listened very carefully, but did not move and thought, "I'm hungry, but I'm also afraid. I do not want to leave this confinement. The cages are not so bad. They take away your freedom, but they keep you protected. In addition, there is always food and fresh water, without having to go out and look for it. Why do I want to leave? Here I have everything I need to live!"

Alex stayed to watch the rooster for a few more minutes and saw that King did not move, he went to continue his work inside the farm. When Alex left, Elvis the big horse that came over every morning to observe how King was doing and would leave without making any noise, decided that morning he would shout at him, "Hi, King, here I am! Look towards the window. I'm Elvis. Charisma is crazy! Since Jackson and I told her that you are locked in this cage for sick animals, she is trying to jump the fence of her corral to come here to talk to you. She wants to see for herself that you are still alive, that's why she wants to come here. I have seen the human who opened the door of that small cage, he already left and is going to leave you alone. Get out of that small cage and come to this window and let us converse as we did every morning before you were attacked and hurt."

King shook his head in the direction of the window to answer Elvis, "I cannot. Tell Charisma that I'm fine. I'm sorry, but I will not go back to her corral, because now this is my house. So, leave because I am not going to leave this cage to talk with you."

Given King's refusal, Elvis left without understanding why his friend did not want to talk to him or come out. The hours started pass slowly for King. He began to feel the need to eat and drink water. He wanted to feel the food reach his stomach, so he got up, following the impulse of instinct that pushed him out of the cage looking for food, while cackling. *"I'm hungry! Will I get out of the metal cage? I think it does not matter because I'm still inside the horse cage. After I eat, I will return inside the metal cage again."*

The hours continued to pass and at sunset, King decided to leave his fear and the security of his new home to seek food. He had spent so much time with the plastic tied to his legs that he forgot how to walk or run. This was the first time he stood up since Alex put him inside the dog cage, so he left jumping moving his wings.

When King left the cage, the day was almost ending. Alex came at that moment to say goodbye King as he did every after- noon when Alex saw King out of the dog cage he ran faster. He closed the metal door and did not let him enter again.

"I'm sorry, King! I know it's hard to start over, but some- times a little nudge helps us regain the courage to believe again in ourselves and stop feeling afraid. Today you left the dog cage! I hope that tomorrow you leave this cage for sick animals. Although it is bigger, it keeps you away from life on the farm. See you tomorrow, King."

Being unable to return inside the metal dog cage, King did not know what to do. He was baffled and felt unprotected. He did not know where to jump because he felt that being out of the dog cage put him in a position vulnerable to attack and ridicule from the other animals. King began to imagine that the other roosters were stalking him, and he began to feel very afraid of not having a place to protect himself. Although the horse cage was not really that big, King thought it would be lost in the middle of so much empty space around it. Without knowing exactly what to do, he started to jump until he was in a corner inside the cage for sick animals where he crouched down and putting his head inside his wings, trembling and suffering from an anxiety attack caused by the unprotected feeling he had, he fell asleep.

The next day, Alex arrived very early at the farm. The first thing he did was open the door to the horse cage where King was. Alex removed the water and the food. He took out the metal dog cage, walked a little, then standing in front of King said imperatively, "You cannot stay here anymore! I have not worked so hard taking care of you and healing your wounds so that you stay lying on the floor or crouched in a corner. You must get out of here, start over, go back to the chicken coop. Find your own food for yourself or starve in here. I will not feed you again, so you will stay here alone! In this horse cage for sick animals. It hurts me to be very hard with you, but it is necessary that you learn to live like the rooster you are and that way you can recover your life and your freedom."

King had suffered from anxiety the night before and that morning the human's attitude seemed very aggressive, so he thought. "The human is angry, but I do not want to leave here. Where will I go? I don't want my freedom because I do not have anything out of here and nobody is waiting for me anymore."

When Alex realized that King was determined to stay inside the cage, he walked towards King, held him tightly then threw him out of the cage and closed the door. Alex stood for a moment facing the closed door and had his back facing King with teary eyes and sadness in his heart, Alex whispered, "I'm so sorry, King! Forgive me for being so hard on you, but there is no other way to help you to understand that you must live again in freedom and not in this cage. I can only heal your physical wounds. For those inside, you must heal yourself. You must find a way to be happy again. Happiness and the joy of living is something that I cannot get for you. It is something that you must reach and maintain for yourself!". Then without turning to see king, Alex left.

When Alex threw the rooster out, King opened his wings and fluttered hard, falling on the ground. The intense light of the sun left him blinded for a moment. All the mixed noises coming from the animals and the engines of the farm tractors stunned him. He felt unprotected. When King opened his eyes and could see clearly, he found himself again in the middle of the farm and felt very afraid. King imagined that the roosters would come to attack and pluck him. He was helpless but felt the desire to seek protection with Charisma. He wanted to shelter under the straw to feel the warmth of security that he needed at that moment. King was jumping and flapping as fast as his strength allowed him in direction of his mother's corral.

91

When King was near the corrals on the north side of the farm, Charisma saw him and began to happily whinny, "Look everyone it's King." When King arrived at his mother's pen, he went to the other side under the wooden fence and Charisma bowing her head said, "King, you're back! I have missed you so much! When Elvis saw you through the window in the cage for sick animals, he told me what was happening with you. I'm sorry that humans have taken your freedom and locked you in a cage, you should have suffered a lot when your freedom was taken away."

King said, "Humans are not bad, Charisma, they helped me to heal. Look, I can jump again! I'm back! I will not leave your side anymore; I'll stay with you. I will live under the straw or in the big hole under the ground that you made for me with your shoe and that you cover with fresh grass."

Charisma whinnied with happiness. "What joy, my King has returned! He will stay to live in my corral; he will never come back to the chicken coop again."

The pain of the experience had changed King's way of thinking and feeling, turning him into a weak rooster, afraid of other animals. And although time had made his feathers grow back, healing his wounds, he still acted as if he were tied at his legs. With the passage of days, King fulfilled his promise and stayed with Charisma and did not leave her corral. He ate what the neighboring horses dropped when the humans fed them.

One day Jackson the funny horse told Charisma, "Oh; I thought that with King's return, I would not be able to go back to sleeping late. Because I thought King would start singing every morning as he did before the other roosters hurt him."

"No, King does not sing anymore," Charisma answered. "He spends a lot of time under the straw. He seldom jumps to the top of the last board of the fence in front of my corral."

Elvis the big horse was listening and intervened, "But I saw him jumping out of Charisma's pen yesterday. It is possible that we will soon see him again around the farm!"

Charisma kept thinking, "King will one day be the same happy and self-confident rooster." Then she quietly walked away leaving the other horses talking to each other.

With King returning to live again in Charisma's corral, he could observe everything that the hens and roosters did every day. Although, King was born free, savage, and very independent he couldn't stop the feeling of wanting to go back to the henhouse. And the time returned to be born in his heart the desire to be as he was before and get his hens back. Although he was no longer bound by the emerald green ribbon, he was still tied to his fears and mistrust, so he stayed away from all the chickens. However, King could not stop expressing what he felt.

I want to jump out of Charisma's pen and see my friends in other corrals. I want to know where Indigo is. But I'm afraid to meet someone from the chicken coop.

The desire to be as he was before compelled King and he decided it was time to leave Charisma's pen. So, he started jumping around as if he was rediscovering the surroundings of the farm. A feeling of nostalgia filled him when he saw the lands that once were under his control. And while he was jumping without a fixed direction, he quickly moved away from Charisma's pen. Unconsciously he approaches the chicken coop, where the hens and the roosters noticed him.

Pretty the youngest hen was the first one who cackled, "Everyone! Look over there! King returned and is much more handsome than before."

Flecos the cautious hen also cackling, looked at him saying, "Yes! He looks stronger and beautiful."

Nugget the strong and daring rooster, squawked, "He does not even dare approach the chicken coop. Now all his hens are with me. I do not want him near any hen."

"If he approaches, I'll run him away! I'm going to show him that he does not come back to the chicken coop." Biscuit the brave rooster was angry at King's return.

King listened to all of them, but ignoring what they were saying, kept jumping towards the stable and past the chicken coop. Nugget and Biscuit went running at full speed because they wanted to pluck him in front of the hens again so that the hens wouldn't want King to return. But on this occasion, King opened his wings tightly and waved them hitting the ground in such a way that he pushed himself up. Then jumped so high that he flew over them, leaving the roosters stunned without knowing what to do. Then jumped away from board to board over the fences until he reached the branches of a tree where he was protected out of danger The other roosters did not know how to fly or jump so high as King did and stayed just watching him.

After what happened, King began to feel better about himself because he already knew how to escape the attacks of the roosters. So, without caring that no hen or rooster accepted him, King continued to jump everywhere. Although King did not approach the henhouse, every time the roosters saw him, they all tried jumped on him to hit him. But King always moved his wings hard and jumped to get away from them. It was surprising to see how, in his eagerness to escape, King could fly long distances from a tree to another tree or jump all at once to the top of the posts of the fences of the corrals to avoid fighting.

Rediscovering Yourself

—— · ——

A wrong way to protect ourselves is to want to forget and deny pain or fear, instead of facing our fears and accepting the reality we are living. Each day brings new hope to improve our lives or to learn something new or to find a solution to our problems. Each new day is an opportunity to correct, live, and feel that we can change and achieve happiness. In each new day we can fill ourselves with courage struggling to achieve success in our life in every way, personal, family, professional and spiritual to live with aspirations and not be content to walk on our world every day with cowardice.

The days in the henhouse became routine. Roosters, full of pride, walked upright on all sides. The hens were always behind them, and the chicks followed the hens. If, for some reason, a disagreement arose between them, they resolved it by attacking one another. Without a leader to guide them and teach them respect, they soon became selfish. They did not share the food and always wanted to be the first to arrive and got the biggest part. The cockerels fought constantly, because there was no one to separate them and sometimes they got hurt bad. The horses in the corrals on the north side of the farm commented every day on the problems that were occurring in the henhouse because the roosters or hens were always fighting.

Elvis the big horse approached Charisma's pen to talk to King, "Look, King, there are problems in the henhouse again. If they continue to attack each other, sooner or later they will end up killing each other."

King didn't answer anything, but Charisma said, "I always said it and I'll keep saying it. Hens are stupid!"

Jackson the funny horse spoke up. "And you King, what do you think? Before, you separated them and did not allow them to hit each other. You taught them to protect themselves and respect each other. Why don't you do it anymore?"

King watched in silence what was happening, and his heart was filled with sadness, but at the same time, his whole being shuddered, awakening his protective nature that was driving his desire to stop the fights. As King watched, the blood heated inside his veins. In his mind, memories accumulated, filling his meager memory by remembering how he formerly imposed respect, but he did not want to confess that now he felt fear and that is why he justified himself before the horses saying.

"Before I separated them, I protected them and helped them, but you know how they made fun of me. They attacked me like I was their enemy! I still hear all the jokes about me, and under my feathers, I feel the pain of the wounds that caused me with their legs, with their beaks. I do not do anything because it's not my problem! Furthermore, they made it very clear to me that I do not belong to the henhouse."

Jackson dissatisfied with King's answer, said, "The young roosters are fighting again, tell me king! Why do you keep watching them if you're not going to separate them? Or is that now you enjoy seeing how they hurt themselves?"

Visible annoyed Elvis shook his mane and waved his left leg against the wooden fence of Charisma's corral while asking, "Until when King? Until when are you going to allow clutter in the henhouse? Before the emerald green ribbon caught you and got entangled in your legs you did not need any invitation to get into the henhouse. Neither to impose order, you just acted on instinct. Why does it have to be different now?"

King did not answer, but Murango the wild horse that was listening to everything from Indigo's pen, where humans had returned him to live the night before when the horses were asleep, because that pen had remained empty for some days, spoke up. "I think that rooster, according to all of you, was very brave! He has really become a chick, for always being behind the legs of that silly mare named Charisma."

When Charisma heard Murango whine, she responded angrily because she was not sympathetic to the wild horse and did not know that he was living again inside Indigo's pen, "You, wild horse!" Charisma neighed at him. "Why did you come back? Although Indigo is not here, that corral does not belong to you, get away from here."

Murango snorted angrily, "I did not come here because I want to, I was brought by humans. So, if you want to kick butts, kick theirs! And do not break more fence boards by kicking them like crazy. I have been wild, but never leave alone any member of my pack. Because sometimes, the instinct does not allow us to reason what we do, but when you have character, you do not abandon reality. So, everyone must fight to conserve their authority and respect. But that rooster is a coward that hides behind all of you. Although King feels the call of his nature, he prefers to keep eating dust on the ground instead of fighting and recovering his place on the farm. In the heart of a leader, there can never be a grudge and, if the heart belongs to a king, the king must know how to be humble knowing what forgiveness is!"

Tired of listening to everything Murango said, Charisma turned and raising her hind legs. It caused a loud bang that was heard throughout the farm, causing the last board of the corral where Murango was to fall, raising a cloud of dust. Murango galloped away towards the end of his corral because that way he could be away from any possible chance of a fight.

Charisma watched him go. Shouting she said, "I do not like that wild horse! You cannot forgive when your flesh has been torn and your blood has been thrown to the ground. Go horse! Tell the humans not to return you to this corral or I will jump the fence. I'm going to kick your tail and your butt as if you were a chicken that left the henhouse."

King's eyes filled with tears. Murango called him a coward – a feeling that did not sit well in his chest. He had been selfish when, at first, he was looking to earn a place on the farm, that was true. But he always tried to maintain his position above what other roosters could feel. He never asked or accepted any opinion about his way of guiding the henhouse's destiny. He simply took advantage of his strength and dexterity, but he never showed love to any chick or hen; he never offered sincere friendship to any rooster, always feeling he was the king of the farm. He had never show cowardice in any situation until the emerald green ribbon was entangled in his paws.

King remained silent and then told Charisma, "No mom, do not attack Murango, he's right. I've been too petulant and presumptuous feeling that I'm worth more than the others. Who knows how much damage it causes in the feelings of all those who made fun of me or who attacked me with such fury and without explanation for me. Murango is right. I would like to help but I do not know how to do it. Nobody respects me anymore. Nobody wants to be near me. They all look at me like an unsuccessful rooster who for fear of starting over has lost everything."

Charisma's heart softened when she heard King speak in that way. Her large eyes filled with tears, but she held back the tears and lowering her head, she touched King's beak with her cold nose. Looking into King's eyes like only a mother can feel the same pain and suffering that the being she loves can, she whispered words full of love. "King, you're my son! I've known you well since you were an egg. I know you have not lost everything because you still have a brave heart, only that you are confused because you are wrapped in a shell of fear. Find the strength you need within you to return to feel the emotion of living and, as Indigo said, If you want to be free do not waste your time thinking about what you cannot do or do not have.' Better spend your time improving your skills or developing new opportunities to be better every day. Search deep inside your being, if possible, inside your soul. It is where you will find the answers and the strength you need to succeed and win."

Jackson was nervous listening to what Charisma said and could not stop laughing at her. "Ha, ha, ha, ha, ha, it seems that the foolish mare knows how to speak and say good things, instead of screaming and crying for freedom."

Despite Jackson's laughter, King's heart again felt the warmth of that feeling called love. At that moment, he stopped living like a ghost, unable to feel any emotion, what his mother told him had helped him recover the sensation of feeling alive in his body and spirit. The cold that invaded all his being began to disappear, and the hardness of his rebellion vanished like water in each of the tears he'd shed. His tears were uncontainable as if he were emptying his interior to eliminate rancor, hatred, fear, and cowardice.

Feeling able to be happy again, King said to his mother, "I'm not going to cry anymore, Charisma! I'm not going to regret what happened. I will not allow the memories of the past to bind me to a miserable life. Indigo taught me that, in order not to fail others, first I must not fail myself. And I'm not saying it out of pride! I say it because I feel it that way. I'm very important, not because I'm better than anyone but because I've been raised by you, Charisma! That you have given me importance and made me valuable in your life. Thanks mom, I love you. I'm not going to waste my time watching my days end, without changing my destiny. I'm not going to waste my life!"

Bewildered Jackson asked, "How are you going to change your destiny if you do not dare to stop the fights?"

Excited King said, "Indigo told me to rediscover myself! What would bring out the best in me? I know that the best I can do is jump and fly, but I do not know if that will be enough to face the roosters. You are my friends, help me find the best in me. Because, before, I knew how to run, but I cannot anymore."

Charisma thought for a moment and then asked, "What's the best about you? I think, you can make mistakes, but you have learned to rectify, and you do not give up. That's what is the best about you."

Jackson also said, "The best of you! It is that you have learned to ask for help and accept advice."

Elvis chimed in. "Yes; You can effectively jump and fly. Two new skills that you have developed during your afflictions for survival or because you had no options and can be a fortune for you if you learn to use them correctly. Do not hide them in vain attitudes! And, indeed, the nobility of your heart has allowed you to rectify your mistakes. You have bowed your pride to recognize that you always need help from others. But for me, the best of you will come out when you sing and run around the farm again, because that is your essence because that is you. Because when you manage to recover your happy spirit, I know that, again, you will be free to return to feel happiness. Only then you can share that feeling and cheer everyone on the farm."

"Before, it seemed impossible for me to run again. Now I feel it is like a dream that can come true!" King had a glint in his eye that hadn't been there for a long time.

Murango had approached the horses again and quickly said, "If you want to run free again like the wind and sing like the birds of the sky, close your eyes! Feel in your heart, feel in your body and look in your mind the happy days when you ran next to Charisma through the green field and imagine an orange dawn, full of brightness. Feel the sound of your own song within you Let it out! Let it go! And sing for you, Sing for the sun!"

Hearing Murango, Charisma snorted. "You again?". But she reminded herself, that King had asked her not to fight Murango anymore, so she stood still and quietly, saying nothing.

Murango observing that Charisma did nothing, he kept whinnying, "Now, before this stupid mare kicks the boards of my fence again, open your eyes, take a deep breath and gather courage to materialize your dreams, your desires. Be free and jump to the ground! Open your mind because there is nothing that binds your heart. Free your dreams. Run fast while you sing free to the wind."

Jackson added, "Surely if you can fly and jump you can also run."

King could feel the wind moving his feathers, but he could also feel that his legs were heavy. He had a distrust of throwing himself to the ground and not being able to run; however, he opened his wings and launched himself into the void. When his feet touched the ground, his first impulse was to jump again, but slowly he moved them one by one. His first steps were clumsy. The excitement of walking again gave him the strength he needed to speed up his walk and started running again. Circling the ground, he danced, opening his wings to raise dust with the tips of his feathers to the rhythm of his movements.

Elvis cheered him on. "Go King, climb to the top of the fence and sing with all your strength. Sing as the birds sing freely so that everywhere can hear your singing!"

King climbed to the highest part of the fence. Then he plucked up courage, fluttered hard and began to breathe deeply to sing, but only a strange sound could be heard. "Gruuurrrr. Gruuurrrr."

Very excited Charisma, seeing how King was trying to sing she shouted to cheer him on, "Come on, King, fill your lungs with air and open your beak a lot, I know you can do it."

King tried again, "Kikkkkkk, Kiiiikkkkk, KiKikkkkkkk."

Elvis offered encouragement and advised him, "King, you're almost singing. You must make the air come out of your lungs. Try hard! You must get the sound out of the depths of your being."

When King heard Elvis' advice, he closed his eyes and let his mind fly to the sun-filled days, back when it was very early in the morning and he went running. He remembered how he wet his feet with the dew from the green grass. Slowly, he felt the courage and the conviction to sing returned to his body. Opening his eyes, he wished to stop imagining turning his dreams into reality and, as if it were magic, a beautiful song broke out again from his throat. Yes, it issued a fine, beautiful song, so powerful that it was heard by everyone on the farm.

"KiiiKiiiiRiiiQuiiiiiiiiii, KiiiKiiiiRiiiQuiiiiiiiiii."

When the roosters heard King's song they were filled with jealousy because the hens began to pound anxiously to go looking for him. Also, the chicks were curious about the singing they heard and left the henhouse to watch and listen to the rooster sing.

Red the patient hen cackling with joy said, "None of the roosters in the henhouse have that strength to sing. The only one who did it before was King, but he does not sing anymore!"

Flecos the cautious hen also cackling with emotion, "I would recognize that song wherever it was, and I have no doubt that the rooster that is singing is King!"

"Yes! It's King,", Said Pretty the youngest hen cackling very flirtatiously. "I know it's King and I'm going to see. His song is strong and beautiful. I feel my skin bristle and my feathers fluffing up."

Red kept cackling "The sound of that song is like a call, it's as if it pushed me towards King again. I'm going to look for him."

All hens stampeded, not caring that the other roosters tried to prevent it. And they went to look for King.

While at the top of the fence, King could feel the wind moving its long plumage, bright and beautiful. The feeling of having sung as before made him feel confident. King kept his eyes open, sensing with all his senses the emotion he was experiencing.

King closed his eyes for a moment to calm the beating of his heart and, when he opened them, he lowered his head a little; his gaze met a hen that was watching him from the ground. King could not believe what he saw. Pretty was there, contemplating his movements. It was amazing that one of his six previous hens were approaching him again.

King did not know how to react. His heart was beating hastily, his wings lost their balance, and he had to jump to the ground so as to not fall awkwardly. Without realizing it, he began to walk in circles while the wings and the tips of his feathers scraped the ground. King was again courting a lady who was now in the company of another rooster.

After the hens came out in stampede, Nugget was not happy, he became very angry and thought. "Pretty went to look for King, but I will not let her go with him. I'm not going to let King steal any of my hens." Nugget ran out of the chicken coop looking for Pretty.

When Nugget got to where the hens were gathered, he saw King courting Pretty and reacted furiously, he ran so fast to protect her and when he was close to them, he launched himself with all his fury on King to attack him. When King saw Nugget coming towards him, he jumped very high. So high that he jumped over Nugget. Then, standing with his back to Nugget, he turned quickly and grabbed him with his legs, knocking him to the ground. Instantly, he put one leg on Nugget's neck and the other on his back. In this way, he kept Nugget contained. He couldn't move.

King said, "This time it was not easy for you to tear me down. This time you're not going to peck me or pluck me because I'm complete. My body and my senses work together to defend me."

Nugget with his chest on the ground and unable to move his head answered, "Yes, I see that you have returned to take my hens by force as you did the first time."

"I did not take anything away from you before, and nothing will be taken away from you this time," King yelled at him. "The chicken coop is so big and full of hens, enough so we can both choose, but if the hens choose first that they want to follow me and not you, it's because they never belonged to you!"

Nugget seethed with anger. "You can take all you want, but Pretty stays with me!"

Then Nugget hit the ground with his wings as a signal so that the other roosters that were watching the fight from afar ran to attack King, just as they had gotten used to hitting him together at other times. This time they all launched on King at the same time.

Contrary to what the roosters thought, instead of fleeing, King released Nugget and ran to meet them. Opening his wings, King jumped over everyone, hitting them with force. At that moment, he discovered that he really was different from the other roosters. While he ran, jumped and flew, the other roosters could only run on the ground. King discovered that his new abilities had turned him into a stronger rooster than he was before. Every time they attacked him, King responded by opening his wings with great force, avoiding the blows of the other roosters. Flying above them, he hit them and knocked them down, one by one, to the ground. Then King held them with his legs to pluck them with his beak. In a short time, he managed to send all the roosters fleeing.

Nugget and Biscuit were the only ones left standing in front of King. This time, there was a big difference because their eyes reflected bewilderment. Those proud roosters that had humiliated him before were now afraid. King's eyes reflected security and confidence. Imposing on them a need for respect.

Nugget was the first to asked King, "What are you waiting for? Just do with us what we did with you."

Biscuit sang trying to provoke King to continue fighting, "Here we are! We're not going to run like the other roosters. We're not going to move from here until you break our necks!"

King watched them and taking a passive attitude told them, "I'm not going to keep fighting. I did not start this war, but if you attack me, I will defend myself. Since I met you, both of you were always hostile to me, even though I defended you from the sparrowhawk and helped you to have order in the henhouse."

Nugget made an angry noise. "If you had not come to the farm, pretty would have chosen me! But when she saw you for the first time, she decided to follow you. You do not care how I felt!"

"If you had not arrived at the farm, I would have been the leader of the henhouse," Biscuit squawked. "I have prepared myself since I was little. But you do not care. You came and snatched everything that could have been mine, casting me aside! And you stole my place as a leader in the chicken coop."

After listening to the two roosters, King calmly answered them both. "I did not come to take anything away from either of you! Nugget, I do not take away Pretty, she chose me. Biscuit, I did not choose to be the leader, I simply corrected what was wrong, while you stepped aside without helping anything. I just kept everyone from fighting. I only imposed order and respect among everyone on the farm."

The three roosters argued while the sparrowhawk watched them stealthily from the top of a branch. Without making any noise, the sparrowhawk launched himself at Biscuit, but the sun reflected his shadow on the ground, betraying him before he caught it. The three roosters were alerted and when the sparrowhawk almost touched the ground, King in a rapid movement jumped on the sparrowhawk, placing himself on top of him and grabbed him by the neck with his two legs, then gave him a very strong peck on the back that knocked him to the ground. Nugget and Biscuit took the opportunity to launch themselves on the sparrowhawk. The two, at the same time, began to attack him with their legs and to pluck him with their beaks.

King after knocking down the sparrowhawk, he stood beside them and observing what the two roosters were doing, he shouted loudly, "Enough! Let him go."

Nugget replied, puzzled, "You're crazy! We will not have another opportunity like this. If we do not attack and destroy him at this time, he will return tomorrow to attack us."

Biscuit supported Nugget by saying, "We must destroy it right now, or it will eat us; as he has done with hens and other roosters of the henhouse."

Nugget and Biscuit were still on top of the sparrowhawk, not wanting to release him, so King shouted at them, "Let him go now" while he stood facing the sparrowhawk that was wounded and had lost a few feathers on his back. King looked him straight in the eyes and then he spoke. "You should have killed me when you had the chance, but you did not. And regardless of your reasons, you forced me to live when I no longer wanted and could not anymore. All I wanted was to die! You made fun of me; I'm not going to do the same with you. But I give you the opportunity to choose. Go back to your nest and get away from the chicken coop forever or come back and attack us again. But I know your secret because I discovered it by watching your nest from the top of the tree branches and I know what you keep there. So, if you choose to return, we will be waiting for you and I promise you, it will be the last time you try. Since together, all three, we will destroy you. Then I will fly from branch to branch until I climb to the top of the tree where your nest is, then I will knock it down with all the eggs that are inside the nest. The eggs will break when they fall to the ground. And if I do find small hawks, I'll tear them apart with my spurs! And I will throw them to the wind."

The sparrowhawk observed strength, bravery, and courage in King, that made him feel for the first time something new for him called *fear*. Without saying a word, the sparrowhawk lifted in flight and was lost in the blue of the sky.

After the sparrowhawk left, Biscuit told King, "You saved my life, again. Why? If I never help you and plucked you every time I could."

King answered him. "None of you asked me, but I forgive you! I forgot what happened. Thanks to everything I experienced, now I am strong. And if Charisma taught me to run fast like the wind, with you and the problems that you caused me, I learned to jump and fly through the sky. I discovered the strength of my character in every blow I received. Change my way of thinking and feeling with every drop of blood that spills on the ground. No matter what I suffered, it matters what I now feel! It does not matter what I cry. It matters that I am very happy now! Also, now

I know that if we work in a group, united, we can lead the fate of the chicken coop with wisdom towards success. And we respect the decision of the hens to choose who they want. The chicks will grow in an environment of respect."

Biscuit crowing, "I was confused, but the truth is that I always admire you and when I saw you let you accept defeat without fighting to free your legs, I was filled with fear. It was easy for me to let you lead the hen house, but when you did not do it, I was filled with bewilderment, because I did not know how to take your place. That's why I attacked you to get rid of the anger that I felt. Because you were letting defeat and defeat in such an easy way, while I felt lost without knowing what to do."

Nugget crowing too, "I've always loved Pretty, but she has never followed me, as much as I've danced for her! Then, when you showed up, all my hopes were lost that she would choose me. That's why I plucked you every time I could. I was full of jealousy and anger because Pretty always longed to return to you, while she always ignored me."

For the first time Biscuit cackled with respect, "Thank you, King, for saving my life and for teaching me with your example that it is not enough to sit and wait for things to happen, but that we must work to achieve them and fight to conquer our dreams!"

Nugget humbly had finally accepted the reality of the situation between Pretty and King." Thanks, King for teaching me how wrong I was. Love cannot be forced! The love must be honest, lasting, sincere; it must be given and received freely without pressure."

The emotion that filled the hearts of the three roosters caused a feeling of true friendship to be born that enveloped them at that moment, making them feel that they could be friends. Everyone recognized that if they worked together and strengthened that feeling, they could become brothers. They also discovered that life on the farm would be easier if they accepted that they needed to be united because only then could they be strong enough to defend the chicken coop.

After what happened, King did not return to live more to Charisma's corral. He discovered and accepted his own identity as a rooster, and not as a horse. He moved to the henhouse where the hens that had previously despised him now wanted to return with him. But King only accepted Pretty and Red.

Over time, King selected three more hens. With his new way of being, he quickly recovered the lost territory and his position inside the henhouse, but in a very different way not by imposition but because all the roosters and hens decided so.

Since then, every day, very early King leaves the henhouse. He runs around the north side of the farm, visits Elvis, Jackson, and Murango, who now lives in the corral that belonged to Indigo. Charisma no longer fights with Murango.

Very happy now, King can be seen jumping from board to board until he climbs to the highest part of Charisma's fence. There, he stops to say good morning, caressing her with his beak on her nose as if he were giving her a tender kiss full of love. Then, as every morning, King jumps from branch to branch to the crown of the tallest tree of Charisma's corral.

In that tree standing on its branches, his mind evoked some experiences of the past. He remembered as a child; the tree's shadow sheltered him many times. He also remembered how the roots of the tree transmitted the heat of the day that kept him alive. King smiled when he remembered when Charisma hid him inside the hole, she'd made with her shoe on the floor to protect him, then covered it with straw.

And from the top of the tree, King let himself be caressed by the wind. Extending its beautiful wings full of color bathed by the golden rays of the sun, King threw a strong song, which the wind carried everywhere. Nobody had anything to say! Everyone admired and respected him. King did not have to prove anything to anyone! Because seeing him at the top of the tree, his figure looked awesome, brilliantly magical, and already with that perspective everyone knows, the king has returned.

THE KING OF THE FARM

El Rey

DE LA GRANJA

LEHY HERNANDEZ

Dedicación

>——·——<

Dedicado a mi amiga Margarita. Quien con su amistad y sabios consejos logro despertar en mí el deseo de renacer como profesional. Ayudándome a recordar quien soy y a no sentir miedo de mostrar mi talento al mundo. Gracias MAGO, ya que con su ayuda recuperé mi vida como escritor y aprendí nuevamente a vivir feliz superando todos los obstáculos a mi alrededor.

Agradecimientos

A Dios por bendecir mi vida cada día.

A mi esposa por su apoyo constante.

A mi madre por su amor incondicional.

A mis sobrinos por sostenerme en los momentos difíciles.

A mis amigos por su amistad, solidaridad y por creer en mí.

A mis hijas por ser la fortaleza que me impulsa a escribir y ser mejor cada día, convirtiéndose en la fuente inagotable de historias por compartir y por todo el tiempo que han invertido en la corrección de este libro.

A Spirit Horse at B.T.F. por recibirme como un miembro más de su familia.

A todo el equipo de Xulon Press Publishing Company por ayudarme en el proceso de convertir mi historia en un libro.

Hay muchas maneras de contar una historia. También de comprender, analizar o sentirla; pero cuando ponemos el corazón al leer un libro encontramos magia e imaginación. Y nos envuelve en un mundo diferente, enseñándonos por medio de la inspiración...

Adquirimos conocimiento, aprendiendo a leer

Sonriendo, aprendemos a vivir

La vida es un tesoro. El conocimiento es poder.

El que atesora la vida y adquiere conocimiento llegara a ser REY.

La Tormenta

$\rightarrow$ — · — $\leftarrow$

Parecía un día normal, Alex ya tenía varios años trabajando como empleado de la granja, cuidando de todos los animales que allí tenían. Por eso no se preocupó cuando el viento comenzó a soplar fuerte, golpeando su rostro y levantando su pelo, impidiéndole mirar con claridad.

El viento entraba al establo con fuerza, tirando cubetas, botes de medicina, jabones y una que otra silla, como si una fuerza extraña estuviera destrozándolo todo.

De repente una avalancha de basura cubrió el suelo, cuando el basurero grande se estrelló contra los muros donde se amarran los caballos para ensillarlos. El cielo se estaba nublando y su color azul comenzaba a perderse entre las nubes de invierno siendo atravesadas con pequeños rayos de sol que le daban un toque diferente a esa mañana. El viento soplaba cada vez con más fuerza, moviendo las ramas de los árboles agitándolas con rudeza. Todo Indicaba que una tormenta estaba aproximándose a la granja destrozando todo a su paso. Mientras los animales asustados corrían buscando donde protegerse.

En otro lado de la granja se escuchaba correr tres gallinas alborotadas por la incertidumbre de ser atrapadas por la fría lluvia que ya comenzaba. Cocoa, la más joven de las tres se veía cansada y abriendo sus alas gritaba:

"¡Ya no puedo más! ¡Ya no puedo más! El viento me empuja, mis patas tiemblan, mis plumas no resisten más. Necesito detenerme porque pondré un huevo y no puedo seguir corriendo".

Las otras gallinas, Cristi y Flecos se detuvieron un instante, observaron que Cocoa se veía mal, pero el cielo se estaba oscureciendo, el viento soplaba fuerte y un frio intenso se colaba por sus plumas erizando sus cuerpos.

Cristi le advierte a Cocoa, "¡No te puedes detener! La tormenta ya casi está aquí. ¡Mira hacia el cielo! Si nos quedamos contigo no podremos proteger nuestros nidos porque no llegaremos al gallinero. Recuerda que los huevos necesitan nuestro calor o no tendremos polluelos. Además, los truenos y la fría lluvia que caen te pueden hacer mucho daño".

Flecos también le advierte a Cocoa, "Si te quedas desprotegida podría caerte un trueno y si eso sucede, ¡Te morirás! Entonces nosotras nunca más te veremos caminar y tú nunca podrás volver a correr por el campo como tanto te gusta. Tienes que resistir hasta llegar al gallinero. Allá está el nido donde podrás poner tu huevo. Así junto a los nuestros, nacerán tus polluelos y orgullosas saldremos a desfilar por los alrededores del gallinero".

"¡No puedo! ¡No puedo!" Grito Cocoa y siguió cacaraqueando, "Necesito quedarme. Ya no tengo fuerzas para levantarme. Me quedare debajo de este árbol. Así descansaré un poco y pondré mi huevo. Ustedes volverán por mí y juntas encontraremos la forma de moverlo hasta el nido. Pero en este momento ustedes corran hasta llegar al gallinero. Si yo no puedo llegar, les ruego que regresen por mí"

Los ojos de Flecos se llenaron de lágrimas. Dudando un momento recordó a sus propios huevos esperando en el nido. Entonces le dijo a Cristi, "Es mejor que Cocoa se proteja, que se quede aquí y ponga su huevo. Porque si la esperamos, la tormenta nos atrapará y no habrá nadie que nos pueda salvar. ¡Corramos, corramos! ¡Lleguemos hasta el gallinero para proteger nuestros nidos! después busquemos ayuda con los gallos del establo. Así entre todos vendremos y moveremos el huevo".

Cristi cacaraqueo, "Mira Flecos, una rama"

Las gallinas se ayudaron mutuamente para mover una rama larga y frondosa que pusieron encima de Cocoa. Así la gallina se quedó protegida de la fría lluvia debajo de la rama. Al mismo tiempo que lágrimas corrían por sus ojos, mientras veía la partida de sus amigas.

Cocoa reflexionaba, "No tengo otra opción si sigo corriendo voy a poner el huevo en el aire y al caer se va a quebrar mejor me quedo aquí para protegerlo de la lluvia fría"

Las nubes oscurecieron el cielo, los truenos empezaron a opacar el silencio, la mañana se tornó negra; de repente se oyó el estruendo de relámpagos. Mientras un torrente de lluvia fría descendía del cielo. Pensando en el bienestar de las otras gallinas se quedó Cocoa algo temerosa y escondida debajo de la rama mientras la lluvia golpeaba con fuerza su cuerpo que lastimaba sus debilitadas plumas. Inconsciente del tiempo que había transcurrido durante la tormenta el corazón de Cocoa latía con fuerza.

Cuando la tormenta terminó, un silencio envolvió el ambiente. Luego las plumas de Cocoa se erizaron porque una sensación de no estar sola la envolvió, entonces se escuchó el cacaraquear de una gallina temblorosa llena de miedo; presintiendo el peligro que se acercaba. La confusión que sentía, la hicieron lanzar un grito tenebroso, un kikiriki diferente. Después una sombra grande, ágil y oscura salió corriendo; alejándose con su presa entre sus dientes.

Mientras en el gallinero se organizó un comité de búsqueda y rescate con Nugget, un gallo fuerte y atrevido al frente del grupo. Cristi y Flecos caminaban detrás de él, dirigiéndose hacia el sitio donde Cocoa se había quedado. Ellos caminaron un largo rato, pero no la encontraron.

Nugget pregunto, "¿Están seguras de que fue aquí donde se quedó Cocoa? ¡Porque no está! no la encontramos y tampoco está la rama donde se quedó escondida".

"Si aquí fue. Yo recuerdo ese árbol, pero parece que la lluvia borro todo rastro de ella y de su huevo", dijo Flecos con tristeza.

Las gallinas dirigidas por Nugget la buscaron por todos lados sin poder encontrarla. ¿Cómo desapareció? se preguntaban unas a otras ¿que habrá sido de ella y de su huevo? Se preguntaban unos a otros.

Entonces abriendo los ojos grandemente Cristi exclamo con fuerza, "¡Plumas! ¡Son plumas con sangre en las puntas! Son las plumas de Cocoa. Hay muchas aquí, vengan y vean como las plumas vuelan sobre el aire mezclándose con las hojas secas que el agua de la lluvia está arrastrando sobre el suelo".

Entonces Nugget abriendo sus alas se subió sobre un tronco para luego saltar sobre una roca alta. Allí movía su cabeza haciendo círculos, buscando algún rastro de Cocoa alrededor del campo. Haciendo otro intento más la buscaron por todos lados sin poder encontrarla, las gallinas se quedaron en silencio y comenzaron a caminar lento de regreso al gallinero sin lograr su objetivo, mientras en sus mentes había un solo pensamiento que se repetía constantemente: ¿que habrá sido de ella?

Las horas pasaron y un nuevo día comenzó en la granja. El sol ofrecía un espectáculo de color anaranjado, el viento apacible y fresco movía el roció de las hojas de los árboles depositándolo sobre el suelo. El olor de las flores de naranja perfumando el ambiente y el murmullo de las aves que se escuchaba a lo lejos motivo a todos los animales a despertarse.

La vida es tan bella y es sabio poder reconocer que la belleza de cada instante que vivimos radica en que no se repiten nuestros sentimientos con la misma intensidad y que lo bello de ver nacer un nuevo día es aprender a descubrir que junto con cada amanecer nace una nueva oportunidad para comenzar a vivir otra vez.

Las gallinas jóvenes se reorganizaron muy temprano en la mañana para salir de nuevo a buscar a Cocoa, pero las gallinas más viejas no quisieron acompañarlas porque ya sabían la respuesta, ya imaginaban lo ocurrido y sabían con certeza que Cocoa había volado al cielo.

Pasaron los días. El gallinero seguía trabajando en una rutina normal. Algunas gallinas incluyendo a Flecos y Cristi seguían pensando en la desaparición de Cocoa y al mirar con melancolía los huevos en el nido su cacaraqueo se volvía triste cada mañana. Para las otras gallinas simplemente fue un suceso que pronto olvidaron. Con el paso de los días los huevos de Cocoa fueron retirados del nido y puestos en incubadoras especiales para aves. Junto con los huevos de Cocoa se fue el recuerdo de la joven gallina que voló al cielo.

Después de unos días los huevos de Flecos y Cristi se abrieron naciendo muchos polluelos que comenzaron a caminar alrededor del establo, moviéndose al compás del cacaraquear de sus mamás como un desfile lleno de color y felicidad.

Flecos exclamo "¡Pollitos, este es el corral de Carisma!, ella es una yegua a la que no le gusta compartir la comida y no le gustan los pollos, gallos o gallinas desde que unos gallos se metieron a su corral buscando gusanos y como no encontraron se llevaron toda la comida de la yegua, ¡No se acerquen a Carisma!"

Flecos seguía cacareando cuando súbitamente la expresión de su rostro cambió y sus plumas cafés se volvieron blancas cuando sus ojos se abrieron enormemente, porque no podía creer lo que estaba viendo. Corriendo por entre las patas de Carisma estaba un polluelo. Entonces Flecos comenzó a graznar, "¡Pollitos! ¿Dónde están? vengan a mi lado, quiero contarlos; ¡Oh no! no puede ser, no puede ser, debo estar soñando".

Confusa, agitada y sin pensarlo Flecos corrió con rapidez, se agachó y paso por debajo de la última tabla de la cerca para luego aletear con fuerza y picotear con bravura las patas de Carisma, a quien en ese momento consideraba era la causante de su locura.

Carisma lanzo un bufido y le grito a Flecos, "¡Gallina loca! ¡Vete de aquí! o te pateare la cola".

Con expresión de enojo Flecos le pregunto a la yegua, "¿Dónde está el polluelo que caminaba entre tus patas? debe haber sido uno de mis hijos que se separó y se perdió en el camino".

"¿Un polluelo aquí? ¡Debes estar loca!", Respondió Carisma. Entonces la yegua movió la cabeza con fuerza y empezó a empujar a Flecos quien gritaba, picoteaba, aleteaba sin parar, hasta que la sacó fuera del corral. Flecos entonces contó sus polluelos. Estaban completos, no le faltaba ninguno, así que decidida fue al establo a buscar a los gallos para pedirles ayuda.

Cuando llego al establo Flecos le suplico a los gallos, "¡Pronto, pronto vengan! en el corral de Carisma está un pollito; traté de alcanzarlo y hablar con él, pero desapareció, no sé dónde está. Vamos todos a buscarlo".

Los gallos rápidamente salieron corriendo hacia el corral de Carisma, porque sabían que, si había un pollito allí adentro, corría peligro. Se esforzaron buscando y recorriendo todo el campo, pero no pudieron encontrar al misterioso pollito.

"¿Estás segura Flecos que viste un pollito? porque todos nuestros hijos están en el nido", dijo Cristi. Además, "Las gallinas jóvenes los están cuidando y nadie pone huevos fuera del gallinero".

Bonita una gallina joven, mirando al cielo dijo, "Yo creo que el sol está muy fuerte y sólo lo imaginaste. Ningún pollito sobreviviría a la furia de Carisma y menos si está solo en medio del campo."

"Lo sé, pero yo vi un pollito corriendo en el corral de Charisma entre sus patas", dijo Flecos.

Mientras los gallos y las gallinas seguían conversando sobre lo ocurrido comenzaron a llegan a la granja muchos niños acompañados de sus padres para tocar, jugar, y ayudar voluntariamente a alimentar a los animales rescatados que pasan a formar parte de la granja. Como esto ocurre todos los días los diferentes animales que viven en la granja no se asustan y permiten que los niños se acerquen a ellos sin ningún riesgo. Es fantástico ver como animales y humanos conviven compartiendo alegrías o tristezas aprendiendo a confiar entre sí, logrando establecer una relación de amistad por medio de los sentimientos y emociones que experimentan, siendo tan diferentes porque cada habitante de la granja tiene su propia historia, espacio y nombre.

Aprendiendo A Vivir

El clima en Winter Garden es cálido, pero en la granja todas las mañanas son frías, especialmente antes del amanecer ya que todos los corrales tienen muchos árboles de pino que con sus ramas disminuyen el calor del sol y al mismo tiempo esparcen su agradable olor en el ambiente. Todas las mañanas al amanecer los rayos del sol hacen que los árboles cambien de color ofreciendo un espectáculo lleno de belleza y si quieres tener una pintura extraída de la inspiración misma de la naturaleza solo debes venir a la granja y tomar una fotografía.

La granja es muy grande y los animales están separados por cercas construidas con madera. En el sector norte es donde viven los caballos dentro de los corales y unas semanas antes de que Flecos viera al polluelo corren por en medio de las patas de Carisma ocurrió lo siguiente...

Comenzaba a amanecer y Carisma se despertó relinchando, "¡La tormenta de anoche fue muy dura! El agua estaba fría, me golpeaba con fuerza; el techo de mi cabaña no me protegió. ¡Los humanos deberían construir cabañas más grandes con paredes a los lados, así como es el establo!"

"Hey Carisma, es muy temprano para estar relinchando", respondió el caballo Elvis, que es el caballo más grande de la granja.

Carisma continúo relinchando, "La luz del sol ya salió y con el canto de los gallos nadie puede dormir en este rancho" Carisma casi siempre estaba de mal humor.

Jackson el caballo juguetón lanzo un bufido, "Elvis, ignora a esa yegua ruda y desobediente. Siempre está gritando y corriendo por todos lados. ¡Está loca! Esa yegua es peligrosa. Nunca obedece a los humanos y siempre está quejándose o buscando un espacio para escaparse".

Carisma vio con enojo a los dos caballos. Se alejó cabalgando hacia la parte trasera de su corral, estaba enfadada y nerviosa por la crítica de los otros caballos. Ella pensó, "¿Quién los llamo? ¡No me interesa saber lo que los otros animales piensan! Soy libre y algún día me iré de aquí a otro lugar más grande con más espacio donde pueda correr y saltar sin tener que ver a los humanos. Yo ni siquiera quiero estar con otros caballos".

Después de relinchar y cabalgar Carisma disminuyo su velocidad y comenzó a trotar en el campo. Entonces ella observo lo fresca y verde que estaba la grama. El olor de la grama machacada cada vez que ella la pisaba, fue una invitación a desayunar. Carisma comió mucha grama fresca. Después se acercó a uno de los árboles con ramas grandes que le ofrecía una sombra agradable para cobijarla y protegerla de los rayos del sol que comenzaban a calentar todo el ambiente en la granja. Mientras estaba comiendo grama, algo llamo su atención. Era algo pequeño, blanco y ovalado que estaba escondido entre las hojas secas de los árboles.

Carisma abrió sus enormes ojos y haciendo una expresión de enfado exclamó, "¡No es posible! Las gallinas se roban mi comida, se meten en mi corral y además vienen a dejar sus huevos tirados por todos lados. ¡Lo voy a quebrar! ¡Me voy a parar en el huevo! Y así las gallinas no regresaran. ¡Oh, mejor me voy a desquitar!

Esconderé el huevo y cuando la gallina que lo dejo regrese a buscarlo yo estaré aquí esperando; entonces le voy a patear la cola y el trasero".

Carisma comenzó a golpear el suelo con la herradura de su casco hasta formar un agujero hondo y compacto parecido a un cesto dentro del suelo. Con mucho cuidado empujo con su nariz el huevo, luego con su enorme boca recogió un poco de pasto seco, lo coloco sobre el agujero y allí quedo enterrado el huevo.

Entonces Carisma pensó, "¡No me moveré de aquí! Pondré mi pata sobre el pasto seco para que nadie se lleve el huevo. La gallina que lo puso vendrá a buscarlo y cuando lo haga, yo le pateare la cola y el trasero."

Hay un sonido muy particular que todos los animales en la granja reconocen y es el sonido del tractor cuando se acerca cargado de pasto fresco con comida para todos los animales de la granja. Ellos al escucharlo salen corriendo a su encuentro ansiosos de recibir sus alimentos.

Cuando Carisma lo escuchó, supo que la hora de comer había llegado. Entonces corrió a buscar su alimento y se olvidó del huevo que ya estaba recibiendo el calor del sol a través del pasto seco. Algunos días pasaron. Carisma temporalmente no se acordó del huevo que durante el día era calentado por los rayos del sol y por las noches el pasto con las hojas de los árboles mantenía su calor. Pero cada vez que veía una gallina cerca de su corral, corría a acostarse a un lado del agujero y ponía una de sus patas encima para esconder el huevo.

Pasaron más días y los caballos de los corrales vecinos que observaban el comportamiento de Carisma, comenzaron a pensar que definitivamente estaba loca. Porque ella pasaba muchas horas acostada con su pata sobre el agujero cada día, durante varios días, esperando a la gallina valiente que se atreviera a buscar el huevo.

Un día Índigo, que es considerado por los animales como el caballo más sabio de la granja le pregunto, "¿Carisma que haces? ¡Pasas mucho tiempo en ese mismo lugar! Hasta parece que te has cansado de correr y relinchar".

"¡Estoy escondiendo un huevo! y esperando a la gallina que vendrá a recogerlo para poder ¡patearle la cola y el trasero!", respondió Carisma.

Índigo estaba sorprendido. "¿Un huevo? Las gallinas no ponen huevos fuera del gallinero".

"¡Si! Una de ellas lo hizo para molestarme, porque ellas, saben que las detesto, porque siempre se roban mi comida. También se la pasan corriendo en mi corral buscando gusanos y picoteando el suelo". Dijo Carisma y orgullosamente agrego, "Pero ven, acércate aquí. ¡Te voy a enseñar el huevo!".

Carisma empujó con su lengua el pasto seco y dijo, "¡Mira Índigo! Adentro del agujero tú puedes ver el huevo". La mirada de Carisma era triunfante. En ese instante ella observo que el huevo estaba cálido y había cambiado su color. Entonces Carisma escuchó unos leves golpecitos. Acercando su nariz toco el huevo que en ese mismo instante se abrió para dejar salir un hermoso polluelo.

El pollito comenzó a piar, "¡Mamaaa! ¡Mamaaa!"

El corazón de Carisma saltó de su lugar; sus enormes ojos se abrieron por completo. Frente a ella estaba un hermoso polluelo, desconcertada se preguntaba a sí misma, "¿Como es posible que suceda esto? Si la gallina nunca regresó por su huevo" Sin embargo, al escucharlo gritar "mamá", algo cambio dentro de Carisma que en ese momento sintió lo que es tener amor verdadero.

Carisma estaba sorprendida. La palabra ¿Mamá? Resonaba en su cabeza, luego dirigió su mirada hacia Índigo y le pregunto "Dime, ¿Soy yo la mamá de este polluelo?"

Índigo le respondió con burla, "No, las yeguas no ponen huevos además una yegua tonta como tú no puede ser la mamá del lindo polluelo".

El pollito seguía piando, "Mamaaa".

Carisma se sintió ofendida, pero respondió de forma determinante, "Si, Tal vez sea tonta. Si, tal vez yo solo sea una yegua. ¿Pero que me impide ser la madre de este polluelo? Si así lo siento cuando él me dice ¡mamá! Además, esta tan bello.

Charisma guio al pollito de regreso a su corral y se encontró con Elvis, que estaba al otro lado de la cerca, "Elvis, mira mi pollito tiene el color amarillo dorado de los rayos del sol que lo cobijaron a través del pasto. Color que recibió en su cuerpo a través del cascaron, es como un pedacito del rey sol dentro del agujero. ¡Y así lo gritare desde hoy! ¡Carisma tiene un polluelo! Y a cualquier gallina que se acerque a él ¡Le pateare la cola y el trasero!"

Elvis que estaba escuchando atentamente todo lo que Carisma decía desde su corral relincho y riendo dijo, "¡Oh! Yo lo dije. ¡Que tonta eres! Todos los polluelos cuando nacen son amarillos.

"Este es mi pollito bebe, y ninguna gallina se le puede acercar." Le respondió con enojo Carisma a Elvis.

Elvis relincho otra vez, "Cuando los humanos lo vean te lo quitaran. Seguro lo pondrán en el gallinero, porque allí es donde pertenece el polluelo."

Carisma parecía no comprender o no quería entender lo que Elvis le estaba diciendo. Para ella era maravilloso haber visto como se rompía el huevo y nacía un bello polluelo.

"¡No importa lo que digas, es mío!" Dijo Carisma con un bufido, porque amaba al pollito a pesar de tenerlo pocos minutos junto a ella, "Es tan hermoso que cuando lo toco y me acercó a él siento como si un pedacito del sol, cálido y tierno tocara mi nariz. Cuando lo muevo y lo miro se mete directo a mi corazón, sin permiso, sin diferencia de tamaño. Sin importar si nació de pollos o de caballos porque simplemente así lo siento. Lo esconderé todas las noches en este agujero. De día lo pondré a correr por en medio de mis patas para esconderlo así nadie podrá encontrarlo y los humanos no se lo llevarán al gallinero".

El Bufido de la yegua llamo la atención de Jackson que cabalgando se acercó a ellos y al ver el polluelo le dijo a Carisma, "Déjalo solo de noche y morirá de frio. Ponlo entre tus patas y tu misma lo aplastaras como a un grillo. Oh peor aún, dale de comer con tu boca en su pico y lo trituraras con tus dientes. Mejor entrégalo a las gallinas, ellas sabrán como cuidar del pollito".

Carisma muy enojada relincho, "No, Las gallinas son tontas, siempre me están molestando, lo cuidaré y seré su mamá. Haré de este polluelo un rey porque crecerá fuerte y grande como yo. Le enseñare a ser libre, a vivir fuera de las jaulas en el campo como el rey que es y a partir de hoy ¡Yo, Carisma! le pongo por nombre ¡Rey! porque este polluelo es el rey del agujero".

"¿Rey? El rey del agujero, Ja, Ja, Ja, Ja, pobre pollito cuando crezca no sabrá si es ¡Gallo o Caballo!" Gritaba Jackson riéndose del nombre tan ridículo del pollito.

Los caballos se fueron acostumbrando a ver a Carisma caminando despacio en lugar de correr o saltar como tanto le gustaba. Se acostumbraron a la peculiar figura que siempre caminaba detrás de ella. Carisma le enseño a King a correr y esconderse entre los arbustos lejos de los humanos, los gallos o las gallinas.

En una de esas ocasiones, mientras Rey aprendía a hacer agujeros con sus patas cuando era solo un pollito fue que Flecos lo vio. Y fue en esa ocasión que la gallina ataco a la yegua picoteándole las patas, originando un alboroto ese día dentro de la granja. También en esa ocasión los gallos lo fueron a buscar, pero nadie pudo encontrar al misterioso pollito. Pero el tiempo pasa, las cosas cambian. Las plumas suaves y amarillas de Rey se iban poniendo blancas y gruesas. Su tamaño también cambio porque comenzó a crecer. Cada vez era más difícil mantenerlo oculto de la mirada de los otros animales que caminaban fuera del corral de Carisma. La curiosidad de Rey por conocer más allá del corral de Carisma fue creciendo, haciéndolo alejarse del sector norte donde viven los caballos. Así comenzó a explorar en la granja y fue inevitable que los demás animales notaran su presencia.

Bonita, una gallina joven estaba saliendo del gallinero cuando lo vio por primera vez, y corrió hacia Flecos para preguntarle, "¿Lo viste? Ese gallo nuevo en la granja, ¡Se ve hermoso!"

"Si, yo estoy segura de que lo vi antes, cuando era un polluelo, ahora ya tiene plumas grandes." Respondió Flecos y cacareo, "¡Yo siempre dije que en el corral de Carisma había un pollito salvaje!".

Nadie supo de donde vino, ni cómo apareció en la granja, pero todos saben que creció libre y salvaje corriendo por entre los corrales sin dejarse tocar de nadie.

Los comentarios eran notorios, todos hablaban del pequeño gallito que en medio de los pastizales buscaba algún grano de comida que los caballos botaban.

La incógnita de su aparición en la granja fue explicada como que alguna gallina lo empollo lejos del establo; por esa razón nadie lo vio antes de que el pollito se convirtiera en gallito. Muchos hablaban del gallito. Todos quisieron atraparlo, pero no tuvieron éxito al intentarlo. Él era veloz; corría entre los arbustos para ocultarse y alejarse, solo salía de vez en cuando, pero se mantenía aparte de los otros animales.

Rey siempre dormía en el corral de Carisma. Y como la yegua ya había escuchado todos los comentarios que hacían los animales, acercándose a Rey le dijo, "Parece que has impresionado a todos en la granja, las gallinas se volvieron locas y los gallos están enojados".

Rey respondió, "¡Si, pero todos me persiguen! Los humanos están tratando de atraparme. Yo no los voy a dejar que me encierren en ese espacio tan pequeño al que llaman jaula".

Carisma le advirtió, "¡No, Rey! No te dejes atrapar, haz como yo, que soy libre en este campo y tampoco dejo que los humanos me encierren en ese pequeño espacio".

Rey le pregunto, "¿Es por eso que me enseñaste a esconderme dentro de las huellas de tus zapatos? ¿Para que nadie me encuentre y me atrape?"

"¡Si!", respondió Carisma, "Cuando te encontré después de una tormenta eras solo un huevo. Entonces yo abrí un agujero con mi zapato, te empujé despacio y lo cubrí todo con pasto. Las gallinas siempre se robaban mi comida. Por eso te escondí, para que no te encontraran. Después me fui y me olvidé de ti, pero cuando me acordaba regresaba para cuidarte de las gallinas. Entonces un día mientras conversaba con Índigo, escuche ruidos dentro del huevo así que acerque mi nariz; tú estabas tan calientito porque el sol te cobijaba con su luz y el pasto mantenía tu calor abrigándote cuando el sol se apagaba".

"¡Si! Recuerdo cuando vi tus enormes ojos después de romper el huevo, fue como ver la luna y las estrellas reflejadas en un sueño, Dijo King.

"¡Odio a las gallinas! Porque se roban mi comida", dijo Carisma, entonces moviendo su cabeza cambio la expresión de su rostro de enojo a amor para continuar diciendo, "Pero cuando te vi, tan pequeño, te protegí y cuando me llamaste "mamá", sentí que algo cambio dentro de mi corazón. Por eso en las noches mientras tu duermes todavía me acuesto cerca del agujero para tapar con mi pata la entrada, para que nadie te vea y estés lejos de todos ellos".

"¡Gracias mamá! Por enseñarme a buscar comida dentro del corral y dejarme correr por todos lados porque me ayudas a ser libre como el viento". Cacareo Rey acariciando con su pico la nariz de Carisma.

Las personas se acostumbraron a verlo por todos lados, optando por no perseguirlo más; era evidente que el gallito sabía cómo cuidarse y proveerse de alimentos sin ayuda de nadie.

En la granja hay muchas gallinas y cuatro gallos que caminan libres por todos lados. Ninguno se aleja de los límites de la granja, ya que todos nacieron en cautiverio se acostumbraron a convivir con los humanos. Algunos se acercan a pedir comida otros simplemente se la roban. En muchas ocasiones se dejan tocar y cargar como si fueran mascotas.

Un día Índigo se acercó al corral de Carisma y le dijo, "Es sorprendente como has cuidado de Rey; pero él está creciendo y aunque tú seas su madre, él necesita acercarse al gallinero. Aprender cómo actúan los gallos. Rey necesita aprender a desarrollarse dentro de su propia naturaleza, tú no le puedes tener siempre escondido entre tus patas".

Ella relincho enojada, "¡Yo no quiero que Rey se valla! Yo no quiero que se aleje de mí por culpa de los gallos y gallinas que siempre me han molestado".

Con las mejores intenciones Índigo le dijo de forma amable, "La vida te dio un hijo y tú lo has cuidado; pero es tiempo de que el habrá sus alas, que conozca el mundo del que tú lo has tenido alejado. ¡Déjalo libre! Para que aprenda a convivir con los demás animales de la granja. Él necesita saber que es un gallo y no un caballo".

Las palabras de Índigo se grabaron en la mente de Carisma y reconoció que la libertad que tanto anhelaba para ella misma no se la podía negar a King. Era tiempo de dejarlo elegir; o tal vez de empujarlo a comenzar a descubrir el mundo que lo rodeaba.

Con ternura Carisma le dijo a Rey, "Observa como los gallos rascan el suelo buscando comida dentro de los arbustos. Observa también como trabajan protegiendo la entrada al gallinero".

Dudando de lo que Carisma le decía. Rey le respondió, "Pero yo no necesito aprender de ellos; tú me has enseñado a buscar gusanos para comer, o como atraparlos en el campo; también a recoger los granos de comida que tú tiras cuando los humanos te alimentan, además los gallos no me permiten acercarme al gallinero".

Carisma sacudió su cabeza y le dijo, "¡Crecerás muy pronto! Y tendrás que acercarte a las gallinas. No puedes pasar todo el tiempo en el campo o dentro de mi corral. Tienes que conocer todos los rincones de la granja." Carisma bajo la cabeza para mirar a Rey directamente a los ojos, "Debes hacerte fuerte para que los gallos no te molesten".

Totalmente convencido de que crecería igual que un caballo Rey respondió, "Pero cuando crezca voy a ser grande como tú y me voy a defender con mis patas grandes".

Con preocupación por lo que Rey decía, Carisma se disculpó, "Siento mucho no haberte enseñado que los gallos no crecen grandes como los caballos. Pero son rápidos, fuertes, cantan y bailan por las mañanas. ¡Tú tienes que aprender a defenderte! A compartir con todos en la granja. Además, tu no deberías de vivir en mi corral, pero recuerda siempre que aquí junto a mi esta tu hogar".

Rey aceptaba todo lo que Carisma decía, así que con alegría cacareo, "¡Si, Carisma! Yo quiero conocer todos los alrededores de la granja, quiero jugar con los otros gallos jóvenes y quiero aprender a cantar fuerte sin perder mi libertad. Porque a mí me gusta ser libre. También sé que debo encontrar mi lugar dentro del gallinero, aunque tenga que pelear." Los ojos de Rey brillaban con determinación.

Buscando Un Lugar

La curiosidad es natural en todos los seres vivos, tanto humanos como animales, la experimentamos en nuestras vidas; algunas veces esa curiosidad nos lleva a realizar grandes descubrimientos y otras veces nos entrega a disfrutar o sufrir las consecuencias de nuestras decisiones. Por curiosidad encontramos experiencias que nos dan conocimiento o sabiduría; porque es a través de la necesidad de aprender cosas nuevas que obtenemos oportunidades de vivir y crecer.

La primera vez que Rey se dejó ver de cerca en el establo ya no era un pollito ya se había convertido en un gallo joven, negro y blanco entremezclados los colores lo hacían tener un tono gris claro. Adornado con largas plumas de color verde y dorado; estaba parado en la segunda tabla de una cerca de madera extendiendo sus alas al viento, dejándose acariciar por los rayos del sol que lo hacían brillar como si fuera algo irreal. Su canto era fuerte, claro, prolongado y repetía sus notas sin cansancio atrapando la atención de los otros animales que pasaban a su lado. Pero no todos los animales lo escuchaban con agrado. Ya que, para los caballos en los corrales del área norte, su canto era simplemente ruido.

Jackson relincho molesto, "¡Ohhh! ¿Desde cuándo Rey se ha convertido en un gallo tan ruidoso? ¡Hasta parece que recién ha salido del gallinero! Espero que no actué como los otros gallos. Porque si se acerca a mi corral lo voy a morder y si se acerca a mi comida lo voy a patear".

Índigo el caballo sabio le respondió, "Carisma lo dejo libre de ir y venir cuando quiera hacerlo. Hoy es el primer día que Rey visitara el gallinero, por eso canta con alegría".

"¿Canta? A mí me parece que no puede cantar; por eso no se cansa de gritar. ¡Más que canto parece llanto!" Opino con antipatía, Elvis el caballo grande.

Los caballos en sus corrales seguían discutiendo acerca del cambio que Rey estaba mostrando. Lo que no sabían era que Rey solo estaba tratando de captar la atención de las gallinas y los gallos que comenzaban a reunirse a su alrededor.

Bonita la más joven de las gallinas con coquetería cacareo, "¡Miren! Apareció el gallo salvaje. Yo creo que es, ¡El más hermoso de toda la granja! ¡Su canto es mágico!"

De manera despectiva la gallina Flecos respondió, "¡No tiene nada mágico! ¡Lo que tiene es todo extraño! Yo sigo pensando que ese gallo salvaje nació en el campo después de una noche de tormenta".

Nugget, el gallo fuerte y atrevido con enojo comenzó a graznar, "¿Yo no sé de dónde salió? Pero a mí me enoja su altivez. Se cree muy importante y camina como caballo; no se da cuenta de que es solo un gallo".

Alzando el cuello y arañando el suelo con sus patas Biscocho, el gallo valiente, dijo, "Cuando baje de esa cerca lo voy a retar a pelear, lo voy a picotear y no lo voy a dejar entrar en el corral".

Los gallos y las gallinas estaban tan entretenidos observando a Rey, que no se percataron de la presencia de alguien más que los observaba detenidamente a ellos. La atención total del gallinero estaba puesta sobre Rey y desde lo alto de un hermoso árbol, un Gavilán silenciosamente estaba apuntando la mirada sobre Biscocho mientras afilaba sus garras con su pico.

El Gavilán pensó, "Ese gallo está perfecto para decorar mi cena esta noche".

Alzando las alas el Gavilán dejo escapar un silbido agudo y tétrico lanzándose a toda velocidad al vacío para atrapar a su presa. Con rapidez y destreza voló por encima de los gallos. Abrió sus garras y sujeto por las alas a Biscocho que en ese momento estaba distraído y no se percató del peligro. Nugget el atrevido, actuó con rapidez saltando por encima de la cabeza del Gavilán y con sus patas lo golpeo en la espalda empujándolo al suelo. Rey que seguía parado sobre la última tabla de la cerca. Aprovechando ese instante en que el Gavilán estaba sobre el suelo; se lanzó con fuerza atacándolo con su pico y patas al mismo tiempo.

El Gavilán sacudiendo sus alas, quiso alzar el vuelo mientras con arrogancia les grito, "¿Creen que me pueden derrotar? ¡Soy más grande que ustedes! ¡Más veloz! ¿Saben que mis garras los pueden destrozar?"

Rey observando que el Gavilán no soltaba a Biscocho y lo mantenía atrapado entre sus garras, salto sobre una de las alas del Gavilán y lo golpeó fuertemente con sus patas enviándolo de nuevo al suelo, "No te vamos a dejar volar ¡Suelta a ese gallo! o nosotros te vamos a destrozar y te lanzaremos fuera de este lugar".

Nugget estaba detrás del Gavilán, Rey estaba de frente y al mismo tiempo ambos se lanzaron sobre él; quien para poder defenderse soltó a Biscocho aleteando con fuerza derribando a los dos gallos. La habilidad de Rey para correr como le había enseño Carisma le ayudaron a levantarse de nuevo. Entonces golpeo con fuerza el cuello del Gavilán y lo envió de regreso al suelo.

"¡Vete de aquí!" Le ordeno Rey al Gavilán mostrándole sus espuelas. "Los otros gallos ya salieron del gallinero y vienen a ayudarnos. Entre todos te vamos a derrotar, así que hoy tú... ¡No tienes alimento!"

La fuerza de los gritos de Rey confundió al Gavilán que estaba acostumbrado a ver a las gallinas correr temerosas lejos de su presencia. Ahora con las gallinas y los gallos a su alrededor se sentía desconcertado. La presencia de todos ellos lo hizo retroceder para alzar el vuelo lejos del gallinero, dejando por un lado su derrota.

Nugget se acercó a Rey, "Fuiste valiente al enfrentarte al Gavilán. No te dejaste dominar por el miedo".

"Cuando te vi saltar sobre el Gavilán supe que tenía que hacer lo mismo para evitar que se llevara a tu amigo", dijo Rey.

Biscocho seguía temblando por el susto recibido. Porque había pensado que el Gavilán se lo comería, así que tratando de calmar sus nervios y el miedo que todavía sentía, agradeció a los otros gallos, "¡Gracias! por ayudarme; estoy un poco lastimado, no puedo mover mi ala izquierda, pero estoy seguro de que me recuperare pronto".

Debido al ruido ocasionado, casi todos los miembros del gallinero se habían reunido en el lugar de la pelea. Muchos tenían curiosidad acerca de lo ocurrido y deseos de acercarse a Rey porqué esa era la primera vez que lo veían de cerca. Al escuchar el relato de lo ocurrido, los otros gallos estaban agradecidos por la ayuda que Rey les avía dado a sus amigos; pero estaban enfadados por los gritos de las gallinas que alborotadas se estaban juntando alrededor de Rey, cacareando alegremente.

Bonita le pregunto, "¿Cómo te llamas?".

"Los caballos me llaman Rey, porqué dicen que soy el rey del agujero".

"¿Cual agujero?" dijo Bonita, mirando a las otras gallinas confundida por la respuesta de Rey. Después se paró de frente a Rey exclamando, "Si tú pareces el rey de la granja y el gallinero".

Un poco molesto por la actitud de Bonita Nugget pregunto, "¿De dónde vienes? ¿Y dónde duermes?"

"Yo no vengo de ningún lugar, porque soy libre como el viento. Tampoco tengo un lugar fijo para dormir, por eso duermo donde yo quiero", Respondió Rey.

Biscocho estaba muy agradecido con Rey y tratando ser amable le ofreció una solución, "Tal vez nosotros podamos hacer un espacio para ti en el gallinero"

De forma petulante Rey respondió, "Yo no me encierro en ningún lugar pequeño, ¡Soy como el sol de grande! para quedarme a dormir en el suelo de un espacio tan pequeño, como lo es el gallinero comparado con el espacio abierto del campo, donde yo duermo"

Impaciente y enojado por las respuestas de Rey, Nugget comenzó a graznar, "¡Déjenlo! No le pregunten más, este gallo es muy arrogante con actitud petulante y no se lo vamos a tolerar. Regresemos todos al gallinero y que se quede solo porque no le interesa hacer amistad con nosotros".

Al escuchar a Nugget, todos comenzaron a caminar de regreso al gallinero, los gallos con actitud de enojo y las gallinas un poco tristes de que les ordenaran alejarse de Rey, ya que se habían impresionado con su canto y el color de sus plumas. Por otro lado, a Rey no le importo que lo dejaran solo y como si nada hubiera pasado se regresó al corral de Carisma, corriendo alegremente con sus alas extendidas para sentir el viento moverse a través de sus plumas.

El trabajo en la granja nunca se detiene, todos los días hay algo nuevo por realizar. Casi siempre se escribe una nueva aventura alrededor de todos los animales, algunas veces triste otras veces alegre pero siempre interesante. Con el paso de los días el crecimiento físico de Rey era superior al de los otros gallos, tal vez se debía a que se alimentaba con comida para caballos lo que le ayudo a tener mucha fuerza y una gran estatura.

A Rey le gustaba explorar todos los alrededores de la granja y subir a lo alto de las cercas para cantar todas las mañanas. También, comenzó a demostrar tener un carácter fuerte y en ocasiones dominante para resolver problemas dentro de la granja. Casi todas las gallinas estaban impresionadas con su forma se ser. Rey imponía respeto y orden entre los gallos, separándolos cuando se peleaban para que no se lastimaran. Si algún miembro del gallinero se molestaba por la forma como Rey estaba gobernando sin que nadie se lo pidiera, Rey se imponía con golpes, peleando como si fuera el dueño de la granja aprovechándose de su gran tamaño y fuerza. Después de someter a los otros animales a su voluntad se retiraba mostraba su porte bello y fuerte por donde caminaba.

Los miembros del gallinero siempre estaban atentos a todo lo que Rey decía por miedo a hacer algo que no le gustara y que este los golpeara. A la gallina Flecos le gustaba Rey, pero le molestaba su actitud petulante. Una mañana que estaban las gallinas escuchando a Rey cantar Flecos le dijo a Bonita, "Ese gallo es muy rudo y testarudo, nunca duerme en el gallinero, pero siempre está atento a todo lo que pasa".

Bonita siendo la más joven, se enamoró rápidamente de Rey, "¡Es un gallo muy bello! Desde que llego hay más orden en el gallinero. Los gallos no nos corren o nos pegan porque King siempre está cerca y no les permite que nos lastimen, ¡Me gusta mucho ese gallo!"

Nugget que iba pasando por allí en ese momento intervino en la conversación y cacareo enojado, "¡Es muy fuerte! Pero yo seré más grande algún día, entonces seré yo el que gobierne dentro del gallinero y será a mí, a quien todas las gallinas observen cantar en las mañanas".

Flecos y Bonita salieron corriendo al escuchar a Nugget cacarear enojado y como el tiempo no se detiene; los días siguieron pasando sin acontecimientos sobresalientes, de forma casi rutinaria hasta que Rey comenzó a sentir la necesidad de unirse a unas gallinas para comenzar a tener polluelos como lo hacían todos los gallos de la granja, pero teniendo el temor de no ser aceptado por ninguna gallina debido a que él era diferente en actitud y forma de vivir Rey regreso al corral de Carisma en el lado norte de la granja donde viven todos los caballos para conversar con ella. Al verlo llegar los caballos se alborotaron.

Elvis, el caballo grande relincho, "¡Miren quien llego! El gallo peleonero, el que da órdenes a todos y siempre se la pasa corriendo".

Con desdén y sin prestar mucha atención a las palabras de Elvis Rey pregunto, "¿Dónde está Carisma?"

Jackson, el caballo juguetón y bromista respondió, "Carisma está corriendo en el campo, pero si cantas ella te escuchará y vendrá a verte porque sabrá que tu están aquí".

Entonces Rey lleno sus pulmones de aire y canto fuertemente, "¡Kikirikiiiiii!"

Después de un momento de estar observando a Rey, Índigo el caballo sabio le pregunto, "¿Qué pasa contigo? Te ves triste y confundido".

En ese momento llego Carisma agitada por haber corrido a galope al escuchar a Rey cantar, "Ya estoy aquí, estaba trotando por el campo, cuando escuche tu canto, pero es extraño que vengas a esta hora, ¿Qué te sucede?"

Rey camino hasta quedar cerca de su madre y con melancolía en sus ojos y un tono triste en sus palabras dijo, "Todos los gallos tienen gallinas, caminan con ellas por todos lados, ellas ponen huevos, después nacen los polluelos, hasta los gallos jóvenes tienen sus gallinas y yo todavía no tengo ninguna. Me siento feliz de correr por los alrededores de la granja y de visitar el establo, pero a donde quiera que voy todos los gallos están con sus gallinas. ¡Me siento muy solo!"

Carisma le hablo suavemente, "¿Tú quieres gallinas? Ve, corre de tras de ellas, las agarras del cuello, las tiras al suelo y luego te las llevas contigo lejos del gallinero; si alguna te dice que no, entonces simplemente ¡Le pateas la cola y el trasero!"

Índigo intervino con autoridad, "¡No! Esa no es la forma de conquistar, los gallos saltan, abren sus alas, luego bailan haciendo círculos tocando el suelo con la punta de sus plumas más largas, así llaman la atención de las gallinas y si a alguna de ellas le gustas te seguirá a donde quiera que tú vayas".

"¡Rey es el rey!" Dijo Carisma. "Él no tiene por qué bailar; él solo debe ordenar y las gallinas tontas deben obedecer."

Rey se confundió por las diferentes respuestas que recibió, "Yo no quiero perder mi libertad. Si me uno a las gallinas para formar un nido dentro del gallinero dejare de ser libre por completo"

"La libertad es lo principal", dijo Carisma. "Yo te enseñe que nunca te debes dejar atrapar".

Índigo puso su mirada directamente sobre los ojitos de Rey y hablo con firmeza, "Un rey siempre sabe cómo gobernar, además tu nunca debes luchar en contra de la naturaleza. Es tiempo de que te unas a las gallinas, pero debes hacerlo con propiedad, sin fuerza, sin obligarlas para que siempre encuentres lealtad en ellas. No les des golpes para que la admiración y la confianza sean el motor de tu felicidad ¡Un gallo no pierde su libertad al encontrar una gallina lo que gana es un hogar!"

Al escuchar lo que Índigo dijo, Rey pregunto, "¿Entonces debo actuar como gallo o como caballo?"

"¡Tú debes ser tú mismo! Sigue lo que sientes en tu corazón, sin importar si eres gallo o caballo, busca tu destino y no te preocupes por perder un poco de libertad. A veces es necesario perder para ganar en la vida felicidad", respondió Carisma.

Índigo abrió enormemente sus ojos sorprendido por la respuesta de Carisma y en forma juguetona dijo, "¡Yegua tonta! Has dicho una verdad, no siempre se puede ganar. Hay que aprender a escuchar y seguir nuestros sentimientos cuando se trata de la felicidad".

Animado por los consejos recibidos Rey salto de alegría y comenzó a correr mientras gritaba, "¡Me voy al gallinero! Las gallinas que me quieran seguir tendrán que dormir en los corrales junto a mí".

Rey siguió corriendo hasta llegar a la entrada del gallinero, donde se detuvo. Cerrando sus ojos dio un salto muy alto. Abrió sus alas al viento y comenzó a bailar haciendo círculos con la punta de sus plumas sobre el suelo. Abrió su pico y dejo escuchar su canto fuerte y claro para demostrar que estaba enamorado de la vida; cantando de esa forma muy pronto llamo la atención de muchas gallinas que comenzaron a bailar a su alrededor, pero el gallo arrogante y orgulloso selecciono seis gallinas entre todas ellas (a las demás las ahuyento demostrándoles su fuerza).

Todos lo vieron, todos lo conocieron y la granja completa conoció su nombre "Rey". Él tenía presencia, fuerza, valor y destreza. Todos los gallos le tenían miedo, todas las gallinas lo seguían incondicionalmente donde él fuera. Muy pronto sus seis gallinas comenzaron a poner huevos. Los humanos estaban contentos porque se recogían hasta diez huevos cada día solo de esas seis gallinas. Rey era libre y se sentía dueño de los alrededores por donde paseaba. Era indudable que el gallo había encontrado su lugar como "El rey de la granja".

Complicaciones

Los días siguientes, después de que Rey se uniera a las gallinas fueron de fiesta en el gallinero, aparentemente todo estaba en orden, no había peleas entre los miembros del gallinero a pesar de que algunos gallos estaban en total desacuerdo con la forma en que Rey se había nombrado así mismo como el líder, pero no se atrevían a protestar porque le tenían miedo.

En la granja por seguridad de todos los animales que allí viven, se tiene un estricto control de la limpieza y se promueve el reciclaje; ensenándole a las personas que muchos de los artículos que tiramos a la basura pueden ser altamente dañinos para el medio ambiente. Además, se dice que "la ciudad más limpia es la que menos se ensucia"; pero como controlar el creciente aumento de basura en la ciudad, cuando la población es consumista y en muchas ocasiones carente de sentido social y ecológico necesario para poner la basura en su lugar. Muchas veces no percibimos el daño severo que podemos ocasionar con un simple papel o material plástico fuera de lugar. Por eso en la granja se organizan pequeñas participaciones en ferias locales donde se invita a las personas a visitar la granja y ayudar a conservar nuestro medio ambiente libre de basura en las calles.

Orlando es mágico, lleno de color, con mucha diversión de día y de noche. Los niños se divierten en los parques temáticos o participando en alguna de todas las atracciones que la ciudad de Orlando ofrece y los adultos reviven emociones adormecidas por el tiempo, el trabajo y los años. Alex el empleado que cuida de los caballos que viven en el lado norte de la granja también se divierte participando en las ferias locales para promover las actividades de la granja, aunque le molesta observar cómo algunas personas tiran basura por todos lados a pesar de que siempre hay un contenedor cerca para hacerlo.

Un día que Alex se encontraba en la feria, el viento comenzó a soplar fuerte de forma repentina tirando al suelo los panfletos que estaban en la mesa de exhibición y mientras los recogía se acercó a una madre y su hijo que estaban comprando un algodón de azúcar y sin saber porque se detuvo a observar todo lo que hacían y escucho como el niño le dijo a su mamá que no podía quitar la cinta que amaraba la bolsa del algodón. La madre le ayudo, pero al hacerlo al pequeño se le cayó la cinta. Entonces el niño dijo, "¡Mamá se me cayó la cinta con la que estaba amarrada la bolsa!" y la madre le respondió, "Deja hijo, vamos a divertirnos, alguien más la recogerá". Alex un poco molesto por la respuesta de la madre hacia su hijo quiso recoger la cinta plástica cuando sorpresivamente el viento soplo fuerte y se la llevo volando por el aire hasta quedar atrapada en la parte más alta de un árbol. El viento volvió a soplar y sin saber porque Alex continúo observando como la cinta de color verde esmeralda desaparecía en el firmamento impulsada por el aire que la movía ondulantemente.

Es increíble como el viento en un determinado momento puede trasladar objetos de un lugar a otro a velocidades sorprendentes, especialmente cuando se vive en una ciudad que constantemente es amenazada por tormentas tropicales o huracanes. Pueden ustedes imaginar lo simple que es soplar y mover pequeños objetos, imaginemos ahora el viaje de una cinta verde esmeralda que se lleva el viento a muchas millas de distancia...

A veces en nuestra vida ocurren situaciones simples que no podemos controlar y conforme pasa el tiempo llegan a crear caos en nuestra forma de vivir entonces nos preguntamos, ¿Como algo tan simple puede cambiar nuestro entorno? Y hacernos pensar que la vida que nos tocó vivir es dura, difícil de sobrellevar y no tomamos las decisiones correctas para corregir lo que esta malo.

En la granja hay mucho campo dividido por cercas que forman corrales de grandes porciones de tierra llenos de árboles con mucho espacio libre para que los animales puedan correr y jugar. Pero aun en medio de la calma del paisaje o la seguridad de poder respirar aire fresco cada mañana los animales también pueden enfrentar dificultades.

Una de las actividades preferidas de Rey desde que Carisma le enseño a correr por el campo es levantarse muy temprano para salir a disfrutar del amanecer, del viento helado en las mañanas y cantar por entre los pastizales, aunque a veces solo se le escucha, pero no se le puede ver porque la grama crece muy alto y todo lo oculta.

La tranquilidad de vivir en la granja y trabajar cuidando los animales algunas veces se interrumpe por acontecimientos inesperados que crean un ambiente diferente y que logran hacer que cada día en la granja sea interesante lleno de alegrías o tristezas como cuando el susurro del viento se interrumpe por el bramido adolorido o triste de algún caballo... uuuuuhhhhhh... uuuuuhhhhhh...

Al escuchar los bramidos de Carisma que sonaban como llanto de dolor, Índigo se sobresaltó y pregunto, "¿Qué sucede Carisma? ¿Por qué estas gritando tanto?, parece que te duele algo".

Carisma lentamente voltio su cabeza hacia Índigo y respondió con un tono triste, "La tormenta de anoche fue muy dura, estuve esperando a Rey, pero no regreso. Lo busque en todo el corral y lo he llamado muchas veces. Los humanos están empezando a venir porque piensan que algo me duele, alguno de ustedes sabe, ¿Dónde está Rey?"

Todos los caballos ya se habían acercado al corral de Carisma atraídos por sus bramidos, para saber qué era lo que estaba pasando y Jackson respondió, "¡No lo he visto! Desde ayer en la tarde cuando se fue al campo".

"Yo lo busqué esta mañana por el campo, gritando su nombre desde mi cerca, pero la grama esta tan alta que no pude ver nada, lo llame, pero no contesto", dijo suspirando Carisma, dejando ver claramente que estaba muy preocupada.

"Tal vez decidió mudarse al gallinero, ya que últimamente pasa más tiempo con sus gallinas que con nosotros". Opino Elvis.

Carisma sacudió su cabeza y lanzo un bufido, "No, Rey no haría eso, estoy preocupada porque él dijo que quería ver lo que había del otro lado del lugar prohibido. En una ocasión escuche que la puerta grande por donde se escuchan los extraños ruidos estaba abierta y que Stripes, el gato camino hacia afuera. Dicen que vio muchos humanos caminando. Dicen que vio grandes monstruos corriendo. Dicen que había muchas luces, que todas parecían llamarlo. Cuando sorpresivamente sintió una gigantesca telaraña que lo envolvió por completo, mientras unos humanos lo sujetaron con fuerza. Stripes trato de escapar, pero no podía moverse, luego le pusieron dentro de una jaula. Después de mucho tiempo cuando lo sacaron de la jaula, vio la granja y escucho a los otros animales hablar, entonces arañó con fuerza al humano que lo sujetaba. Luego corrió, se escapó y se escondió al fondo del corral de Jackson. Dicen que nunca más ha vuelto a caminar por el lugar prohibido".

Índigo trato de calmar a Carisma diciéndole, "Rey es curioso pero muy inteligente, él sabe que nadie puede salir de los límites de la granja porque el que lo hace muchas veces no regresa; él sabe que está prohibido, aunque la puerta principal este abierta".

Carisma relincho mientras alzaba la cabeza, "¡Miren! Allí vienen las gallinas, pregúntenles por Rey, porque son tan tontas que si yo les pregunto no me van a responder".

"Hey, gallinas" dijo Jackson y les pregunto, "¿Alguna de ustedes sabe dónde está Rey?"

Bonita, la más joven respondió, "No. Flecos y yo hemos recorrido los otros corrales. Cristi y las demás gallinas lo han buscado por todos lados también, pero nadie lo ha encontrado, no sabemos dónde está. Desde que la tormenta comenzó no lo hemos visto más".

Índigo comenzó a preocuparse y reflexiono, "Ayer fue una noche oscura con tormenta feroz. Parece que Rey desapareció porque no se le ha visto el día completo. Es muy extraño ya que todas sus gallinas están buscándolo sin poder encontrarlo".

Ese día fue muy largo para Carisma. Era la primera vez que King no estaba cantando o paseando por el establo; a pesar de la preocupación y de la búsqueda organizada por los otros animales, nadie lo pudo encontrar.

Al atardecer del segundo día de la desaparición de Rey, la desesperación de Carisma era más notoria, porque no sabía dónde buscarlo. Corría por todo el campo dentro de su corral, gritando su nombre. Al final del día Carisma se detuvo al fondo del corral. Ella levanto la cabeza y vio que Rey venia caminando lentamente hacia ella, seguido por tres de sus gallinas que lo habían encontrado en el campo.

Pero algo estaba mal por su manera extraña de caminar. Cuando Rey se acercó a Carisma, ella agacho la cabeza para observar que sucedía. Carisma observo que las dos patas de Rey estaban amarradas por una cinta plástica de color verde esmeralda con un nudo a cada lado y un espacio de aproximadamente diez centímetros de separación entre sus piernas, por eso Rey no podía caminar de forma normal.

Carisma abrió sus ojos enormemente, había estado desesperada por la desaparición de Rey y ahora que lo tenía de frente a ella, su desesperación se convirtió en angustia al verlo amarado por las patas, entonces comenzó a patear el suelo con fuerza mientras les bufaba a las gallinas, "¿Qué le paso a Rey? ¿Quién lo amarro?" luego gruñendo dirigió la mirada hacia Rey y le pregunto, "¿Dónde has estado?"

Red una de las gallinas de Rey respondió, "Nosotras no sabemos. Lo encontramos escondido dentro de un agujero al final del campo cerca de tu corral; cuando nos vio salió y comenzó a caminar. Desde entonces lo estamos siguiendo, pero no nos ha querido hablar".

Rey estaba asustado con sus plumas cubiertas de lodo y sus ojos reflejando tristeza y enojo.

Carisma tratando de calmar su enojo, le volvió a hablar a Rey de forma pausada, "Hijo, he estado muy preocupada por tu desaparición de casi dos días, podrías decirme, ¿Qué sucedió esa noche que desapareciste durante la tormenta?"

Rey permaneció en silencio. Visiblemente aturdido, bajo la cabeza y torpemente busco la protección de Carisma colocándose en medio de sus patas. Parecía que no escuchaba o que no comprendía bien lo que se le preguntaba, hasta que Carisma le repitió la pregunta.

"Rey, ¿Qué sucedió durante la noche de tormenta?"

Rey comenzó a hablar suavemente, obligando a Carisma a doblar sus patas y echarse sobre la tierra bajando la cabeza a la altura de Rey para escuchar con mucha atención y poder entender lo que decía, "Estuve corriendo por el campo disfrutando de la naturaleza, cuando algo llamo mi atención. Entonces mire hacia el cielo, observe como el viento frio de la tormenta que se acercaba mecía algo largo de color verde brillante que se movía como un enorme gusano. Empecé a correr para tratar de alcanzarlo porque cada vez estaba más cerca del suelo. Cuando descendió se quedó quieto sobre la grama, lo empecé a patear, a picotear y sin darme cuenta como paso se enredó en mis patas. Cada vez que intentaba quitármelo se apretaba más, entonces corrí, pero me caí porque se atoro en una rama de un árbol que estaba en el suelo. Desesperado comencé a aletear y jalar, pero cada vez está cosa verde se apretaba más; entonces cuando me libere de la rama quise correr y no pude, así que camine; pero mientras caminaba me caí muchas veces porque no me la podía quitar, hasta que encontré el agujero donde me escondí con la intención de pasar la noche allí adentro, pero me sentía tan triste que me quede más tiempo y al amanecer del segundo día quise correr y cantar pero con mis patas amarradas no pude hacerlo entonces continué metido en el agujero hasta que escuche a las gallinas llamándome y decidí salir del agujero"

Los grandes ojos de Carisma se llenaron de lágrimas y su corazón comenzó a latir más de prisa mientras sus pensamientos comenzaron a formar ideas, "Y si le pongo mi pata en medio y lo jalo con mi zapato, seguro que te lo puedo quitar".

Índigo le advirtió, "¡No lo hagas! Le romperías las patas y Rey no volvería a caminar".

Carisma continuo, "Y si lo muerdo con mis dientes seguro se lo puedo quitar".

"¡No lo hagas! Porque le morderías también las patas y se las triturarías con tus dientes, entonces Rey no volvería a caminar".

Dijo Índigo insistiendo, "Lo mejor es que se presente con los humanos, ellos le pueden ayudar".

Carisma movió su cabeza y sacudiendo su melena expreso, "¿Los humanos? ¡No pueden! Ellos solo le quitaran su libertad".

Al escuchar la posibilidad de ir con los humanos Rey se inquietó, "¡No! No quiero que los humanos me toquen, ya encontrare la forma de quitármela".

Pasaron dos días más en los cuales Rey no se separó de Carisma. Pero al tercer día comenzó a pasear por los alrededores de la granja, aunque no podía caminar o correr normalmente. Cuando todos los animales en la granja lo vieron caminar de forma extraña no le dieron importancia, pero cuando los humanos se percataron de la situación quisieron atraparlo para ayudarle. Los humanos querían quitarle la cinta que amarraba sus patas, pero Rey salvaje y orgulloso cada vez que se acercaban aleteaba tan fuerte que se les escapaba casi de las manos. Los humanos no lo podían atrapar, parecía como si alguien le avisara al gallo cada vez que alguien lo intentaba agarrar".

Lo que los humanos no sabían era que Carisma, le advertía a Rey cada vez que ellos se acercaban queriéndolo atrapar para que huyera, "¡Mira Rey! Los humanos vienen hacia ti, ¡Corre!, ¡Corre Rey!, no te dejes atrapar o te van a poner en una jaula y vas a perder tu libertad".

Observando todo y sabiendo que los humanos no eran malos Jackson le suplica a Rey, "Hey, gallo ruidoso. Déjate atrapar, los humanos solo te quieren ayudar"

Pero Rey agitado y asustado cacareaba, "Los humanos no me pueden ayudar, ellos solo quieren quitarme mi libertad", mientras caminaba aleteando hacia el corral de Carisma.

"Quédate aquí escondido y no salgas Rey". Le aconsejo Carisma, "Los humanos no pueden encontrarte porque no saben que yo te escondo en el pasto. Voy a hacer un agujero enorme debajo del suelo como el agujero que hice con mi zapato cuando te encontré siendo un huevo, pero mucho más grande así nadie te podrá ver".

Jackson tratando de hacerle entender que los humanos solo querían ayudar a Rey, discutía con Carisma, "Los humanos solo quieren ayudar al gallo. Deberías dejarlo ir para que le suelten las patas ¡No esconderlo! y no alejarlo de ellos"

Carisma evocando el pasado cuando ella todavía no vivía en la granja dejo que gruesas lagrimas cayeran de sus ojos, recordando que unos humanos la habían encerrado en una jaula muy pequeña para su gran tamaño y como la golpeaban manteniéndola encerrada junto a unas gallinas que le picoteaban las patas y le quitaban sus alimentos. En ese tiempo ella solo conoció la crueldad como único sentimiento que los humanos eran capaces de expresar, entonces le replico a Jackson bufando tristeza en sus palabras, "Los humanos solo quieren quitarle su libertad y encerrarlo en una jaula para que no pueda volar por donde Rey quiera hacerlo libremente".

Carisma ignorando a los otros caballos, mantuvo a Rey escondido en un agujero debajo de la paja por algunos días y ella misma le llevaba comida que trasportaba dentro de su boca cada vez que los humanos se la daban a ella, entonces Rey salía del agujero y se alimentaba. Pero la manera de ser de Rey; una mezcla salvaje y libre lo motivaron a no quedarse dentro del agujero más tiempo. Entonces siguiendo su naturaleza impulsiva abandono el agujero y se alejó del corral de Carisma. Busco a sus gallinas que muy pacientemente estuvieron esperando a que Rey regresara al gallinero por ellas para estar cerca de él. Después Rey comenzó a caminar por el establo seguido de su harén de gallinas despertando la envidia de los otros gallos, que lo observaban detenidamente y con desagrado.

Biscocho el gallo valiente le pregunto a Nugget, "¿Qué será lo que Rey tiene en las patas? ¿Por qué camina tan extraño? ¿Por qué ya casi no lo vemos cerca del gallinero?"

Nugget le respondió, "¡Yo no lo sé! Pero sus gallinas han pasado más tiempo solas que acompañadas. ¡Eso es algo que a mí me tenía alegre! Porque las quiero para mí, aunque viéndolas ahora otra vez con Rey solo puedo sentir enojo"

"No te acerques a las gallinas de Rey porque él sabe defenderlas muy bien. Tú saldrás lastimado si lo intentas, además él es mucho más fuerte que nosotros", dijo Biscocho.

"A mí me gusta mucho Red y si Rey la vuelve a dejar sola otra vez, yo la buscare para llevármela conmigo" dijo Nugget con expresión de enojo.

Los humanos al ver que Rey había regresado y que seguía amarrado de las patas decidieron intentar atraparlo utilizando una cobija como si fuera una red lanzándola sobre Rey. Querían atraparlo sin lastimarlo y pensaban que sería más fácil si lo hacían cuando Rey estuviera caminando dentro del establo. Pero a pesar de sus esfuerzos no lograron tener éxito utilizando la cobija. Así que pidieron ayuda a otros humanos para intentar acorralarlo entre cinco personas al mismo tiempo para cerrarle el paso y que no pudiera escapar, pero Rey aleteaba tan fuerte que se alejaba saltando por encima de ellos. Al ver que todos sus intentos por atraparlo fracasaban los humanos decidieron permitir que otras personas vinieran ayudar porque querían desamarrar sus patas para evitar que se fuera a lastimar o causar serios daños al no poder correr libremente por la granja. Muchos humanos realizaron varios intentos sin tener éxito y solo consiguieron asustarlo. Entonces Rey cansado de que lo persiguieran se escondió otra vez por algún tiempo dentro del agujero debajo de la paja en el corral de Carisma donde nadie podía encontrarlo.

Algunos miembros del gallinero que habían observado la persecución que los humanos tenían hacia Rey y su frecuente notoria desaparición, comenzaron a preguntarse, "¿Qué pasara con Rey? ¿Por qué los humanos lo persiguen? ¿Por qué Rey desaparece y nadie sabe dónde está por varios días?" Ante el constante cacareo en el gallinero, Nugget y Biscocho se mantenían cerca, observando como las gallinas de Rey permanecían solas y desprotegidas.

Nugget pensaba, "La gallina Cristi permanece cerca de las gallinas de Rey como si las estuviera cuidando, pero eso no me importa", así que acercándose a ellas le cacareo a Red, "¡Otra vez sola!" Me parece que es tiempo de cambiar de gallo porque seguramente King ya se convirtió en ¡Caballo!"

Biscocho comenzó a graznar, incitando al desorden, "¡Deja de cacarear Nugget! Y veamos quien atrapa más gallinas, ja, ja, ja, ja."

Ambos gallos comenzaron a correr persiguiendo a las gallinas de Rey, quienes asustadas no coordinaban hacia dónde dirigirse. Bonita gritaba "¡Rey ayúdame!" mientras Red gritaba, "¡Rey ven a protegerme! Ya que ambas sabían que eran el objetivo principal de los abusivos gallos.

La gallina Cristi al observar como las seis gallinas de Rey seguían cacareando muy fuerte y corrían alborotadas por todos lados porque estaban siendo perseguidas, corrió al corral de Carisma para avisarle a Rey lo que estaba ocurriendo. Mientras los gallos saltaban sobre las gallinas y sujetándolas por el cuello las golpeaban lanzándolas contra el suelo. Cuando Cristi llego al corral de Carisma se detuvo de frente a la cerca y comenzó a cacarear con fuerza, gritando para ser escuchada por Rey, "¡Ayuda, Ayuda!".

Rey al escuchar el grito de auxilio comenzó a cantar desde su escondite KIKIRIQUIIIIIII, pero los otros gallos no lo escuchaban porque estaban muy lejos y no se detuvieron. Como Cristi seguía cacareando de forma asustada, Rey salió de su escondite y abriendo sus alas comenzó a caminar tan veloz como se lo permitían sus patas amarradas por la cinta verde esmeralda. Cuando llego a la cerca del corral, quiso pasar por en medio de las tablas, pero al no poder abrir bien sus patas, se tropezó rodando por el suelo, levantando una nube de polvo que lo dejo sin poder cantar. Cristi observaba la escena con desaliento. Era la primera vez que Rey no se paraba imponente y enérgico en medio de una batalla; por el contrario, en esta ocasión estaba en el suelo amarrado de las patas, con sus alas abiertas y el pico lleno de tierra.

Los ojos de Cristi se llenaron de lágrimas y se quedó callada, sintiendo pena por Rey. La situación se tornó terrible para Rey, ya que los humanos comenzaron a llegar al corral atraídos por el escandaloso ruido provocado por los gritos de las asustadas gallinas. Al llegar los humanos se encontraron con el gallo salvaje tirado en el suelo y lo primero que se les ocurrió fue atraparlo debido a lo patético de su situación. Así que esta vez intentaron capturarlo utilizando una red de pescar, la cual abrieron entre tres humanos al mismo tiempo. Entonces la lanzaron al aire por encima de Rey, no querían que se les escapara, pero a pesar de la cinta que amarraba sus patas, Rey seguía siendo velos para reaccionar y se incorporó. Aleteando rápidamente se alejó del lugar; dejando a sus gallinas abandonadas y desprotegidas a la merced de los gallos.

Nugget al ver como Rey salía huyendo, comenzó a cantar alegremente, "Ja, ja, ja, vamos Rey ¡Defiende a tus gallinas!" y lo insultaba, "Te recuerdas cuando me golpeabas porque según tú estabas imponiendo orden en la granja. Vuelve y defiende lo que te pertenece ¡Parece que en lugar de gallo ahora eres gallina!"

Biscocho al escuchar a Nugget se llenó de valentía y comenzó a retar a Rey, "¡Vamos Rey! Atrévete a golpearme porque me estoy llevando a tus gallinas. ¡Ven y muéstrame tu fuerza! ¡Ven! gallo valiente convertido en cobarde. Yo aquí te estaré esperando porque de hoy en adelante, yo soy el nuevo ¡Rey de la granja! Ja, ja, ja".

Las gallinas no comprendían lo que pasaba, estaban desconcertadas. Ellas solo sabían que Rey no las había defendido ni protegido. En ese instante algunas de ellas se llenaron de resentimiento y comenzaron a ver a rey de una forma diferente, sin admiración, sin respeto, sin amor, porque no entendían lo que estaba sucediendo, egoístamente no comprendieron la situación de Rey. Entonces cuatro de ellas al verse desprotegidas decidieron dejar de huir y se fueron siguiendo a los gallos que caminaban orgullosos por haber ganado "Una batalla que nunca pelearon".

Las otras dos gallinas no sabían cómo actuar, porque ellas todavía querían seguir al lado de Rey. Red le dijo a Bonita con tristeza, "Rey se fue, nos dejó solas. El no quiso pelear para protegernos."

Bonita, la gallina joven que desde que conoció a Rey sintió mucha admiración por él, le suplico a Red, "¡No te vayas Red! No seas como las otras gallinas que se fueron de regreso al gallinero, siguiendo a los otros gallos. Yo estoy segura de que Rey volverá. Él no nos abandonara ¡Yo sé que nos va a proteger!"

Abatido y desconsolado por la vergüenza que había sentido, Rey se fue de regreso al agujero y no se le volvió a ver por un tiempo; sin embargo, a pesar de eso, Bonita y Red seguían esperándolo del otro lado de la cerca del corral de Carisma. Dentro del agujero Rey comenzó a sentirse deprimido, así que decidió salir. Cuando Bonita y Red lo vieron corrieron a encontrarlo y comenzaron a seguirlo. Así juntos volvieron a caminar por los alrededores de la granja. Pero se mantenían alejados de los humanos porque Rey no quería su ayuda. Los otros gallos ya habían descubierto la razón de la manera extraña de caminar de Rey y sabían porque ya no corría. Ellos ya sabían que Rey caminaba lento y torpe debido a la cinta verde esmeralda que amarraba sus patas. Po eso se dedicaron a molestar a las dos gallinas que seguían a su lado.

Nugget y Biscocho constantemente atacaban a Red y Bonita, retando a Rey para que protegiera a sus gallinas. Para luego reírse de él, porque cada vez que quería defenderlas el resultado siempre era el mismo – él no podía correr para protegerlas. Cada vez que Rey quería auxiliar a sus gallinas y ahuyentar a los gallos, él se tropezaba con la cinta verde esmeralda cayendo al suelo para recibir golpes que le daban los otros gallos con sus patas. Ellos le daban picotazos llenos de rabia en el cuerpo por la envidia que sentían hacia Rey y después salieron corriendo, burlándose libremente ya que eran más rápidos que él.

La situación se volvió desesperante para Rey, perdió el deseo de cantar y ya no quería salir de su escondite en el corral de Carisma. El sentimiento depresivo que tenía en su corazón aumento y justificaba su encierro auto compadeciéndose de sí mismo, porque se apodero de él la apatía por causa de la frustración de no poder correr y defender su posición en la granja; lo que ocasiono que un gran vacío comenzara a crecer dentro de su ser, entonces empezó a perder la alegría y el entusiasmo por vivir...

Supervivencia

>——·——<

La vida a veces te coloca en posiciones privilegiadas y te da todo lo que necesitas para triunfar, simplemente por el hecho de haber nacido, pero si el destino te doblega a su voluntad y decide ponerte a prueba enfrentándote a las consecuencias de tus decisiones "luchando en contra de todo cuanto tu deseas o aspiras alcanzar"; entonces es tiempo de mostrar tu carácter y no dejarte vencer por los problemas. Reflexionar sobre la situación que estás viviendo para mejorar las habilidades que posees y/o desarrollar otras nuevas para ¡luchar y ganar!

Algunas personas piensan que los animales son diferentes a los humanos en su forma de relacionarse con otros animales, pero yo creo que la diferencia predominante es que los animales aprenden a desarrollar lazos de amor perdurables y un sentido de fidelidad y lealtad inquebrantables. Además, cuando se trata del amor de una madre hacia su hijo, no hay sacrificio, ni devoción que puedan hacer diferencia; porque está demostrado que el sentimiento maternal no conoce fronteras entre humanos y animales.

La actitud melancólica y pasiva de Rey tenían muy preocupada a Carisma, que cada vez que lo veía dentro del agujero con sus ojitos tristes y sin la acostumbrada luz brillante que demostraba alegría, sentía que se le partía el corazón. Carisma le susurraba muy cerca de la entrada del agujero, "Rey ven a comer, hijo ya no estés triste, vamos a encontrar una solución", pero Rey no respondía y tampoco tenía ninguna reacción a las palabras de Carisma. Por lo cual, la yegua decidió llamar a los caballos para conversar con ellos porque los humanos habían cambiado a Índigo el caballo sabio de corral, llevándolo al lado sur de la granja donde viven las vacas. Entonces Carisma relincho con fuerza para que los caballos la escucharan y vinieran hacia ella, cuando los caballos llegaron les dijo, "Desde que Rey tiene esa cosa amarrada a sus patas ya no canta en las mañanas, no busca comida, esta triste y solo quiere pasar dentro del agujero. Cuatro de sus gallinas ya no lo buscan, los gallos le pegan, no puede correr para protegerse, los pollitos del gallinero se burlan y Rey se convirtió en un gallo torpe, miedoso de enfrentarse a los gallos jóvenes; yo no sé qué hacer para que salga del agujero".

Jackson el caballo juguetón estaba escuchando muy atento y respondió, "¡Tenemos que encontrar la forma de ayudarlo! No podemos permitir que Rey cambie su manera de ser, pero ¿Qué podemos hacer?"

"Índigo siempre tiene respuestas para todo", opino el caballo Elvis. "Si estuviera aquí, seguramente nos diría como ayudar; pero no podemos hablar con él porque los humanos lo movieron al lado sur de la granja y no sabemos en cual corral podría estar"

"Yo escuche a una de las cabras que camino enfrente de mi corral decir que los humanos movieron a un caballo dentro del corral de Silvia, la yegua fea. Tal vez ese caballo es índigo, pero no se ¿dónde está ese corral?" dijo Jackson.

"Yo no soy Índigo, pero los humanos me movieron temporalmente en su corral", dijo Murango un caballo salvaje y solitario que vivía solo en su corral al lado este de la granja, donde

viven los animales que aún no han sido totalmente domesticados.
"Yo, puedo escuchar todo lo que dicen, yo también quiero ayudar".

Elvis observo a Murango por unos segundos y luego dijo,
"¿Qué ayuda puede dar un caballo salvaje?, Que solo sabe pelear
con todos y no conoce nada de la vida en la granja".

Murango alzo sus patas delanteras y golpeo el suelo con fuerza,
miro desafiante a Elvis y le respondió, "Yo también soy como Rey;
yo nací libre disfrutando de una vida junto a toda mi manada de
caballos, corriendo por el campo a la velocidad del viento. Sin
obstáculos, independiente, seguro de mí mismo hasta que una
tragedia me obligo a venir a vivir a la granja; algún día les contare
mi historia. Pero ahora, si quieren un consejo para ayudar al gallo
orgulloso; que no se ha dado cuenta de lo mucho que necesita la
ayuda y compañía de los demás..."

Murango fue interrumpido bruscamente por Jackson, que
bufo con fuerza y le dijo, "¡Cállate caballo orgulloso! Yo he visto
que no recibes nada de nadie y quieres enseñarnos como ayudar."

Visiblemente irritado Murango respondió, "¡Déjame hablar!,
si quieren ayudar al gallo, suéltenle primero el corazón antes
de soltarle las patas, entonces podrá recuperar su libertad y su
posición en la granja."

Carisma que había estado observando y escuchando la
conversación entre los caballos, se volvió con fuerza, sacudió
su melena y levantando ambas patas traseras golpeo la cerca en
el corral de índigo donde estaba Murango bruscamente. Luego
se voltio y relincho embravecida, "¡Vete caballo salvaje! ¿Como
puede recuperar Rey la libertad? ¡Sí tiene las patas amarradas!"

Las gallinas Bonita y Red que pacientemente habían
permanecido esperando por Rey del otro lado de la ceca del corral

de Carisma, se asustaron con lo que estaba ocurriendo entre los caballos y comenzaron a caminar adentro del corral de Carisma.

"¡Miren!", grito Jackson, "Las dos gallinas que están todo el día echadas en el suelo, cerca del corral de Carisma esperando por Rey, ¡Se han levantado!"

Red cacareo, "Nosotras escuchamos todo lo que dijeron. Bonita y yo podemos correr por toda la granja y buscar a Índigo."

Bonita, también cacareo, "Nosotras conocemos el lado sur de la granja, podemos ir a buscar hasta encontrar en que corral esta Índigo. Y luego regresar aquí para contárselo a ustedes."

Elvis reacciono con alegría ante la sugerencia de las gallinas y amablemente les dijo, "¡Gallinas, gallinas! Por fin se han decidido a hacer algo. Sí, corran por todo el lado sur de la granja y busquen a Índigo, nosotros queremos saber en qué corral está."

Las Gallinas alentadas por las palabras de Elvis, se sacudieron las plumas, agitaron sus alas con fuerza y después comenzaron a correr de forma desesperada en dirección al lado sur de la granja. Mientras corrían gritaban y cacaraqueaban, "¿Dónde estás índigo?, con la esperanza de que el caballo sabio las escuchara.

Carisma con su habitual antipatía por las gallinas comenzó a relinchar y gritar, "¡Gallinas tontas! con tanto escándalo Índigo se va a asustar", luego se voltio hacia los caballos y les dijo, "No debimos confiar en las gallinas, porque son escandalosas y tontas. Yo creo que no van a poder encontrar el corral donde esta Índigo."

Desde el interior del agujero donde estaba escondido, Rey había escuchado todo lo que los caballos y las gallinas habían dicho. Sintiéndose motivado por el deseo de hablar con Índigo, el caballo sabio a quien Rey le tenía mucho respeto, Rey decidió salir de su escondite.

Elvis fue el primero en verlo caminar fuera del agujero y grito, "¡Carisma mira! Rey está saliendo de su escondite, el que tú le construiste debajo de la paja."

Carisma abrió sus enormes ojos sorprendida al ver a Rey fuera del agujero, pero también tuvo miedo de que Rey quisiera salir de su corral y que algún otro animal pudiera lastimarlo por lo que le suplico, "¡Quédate en mi corral Rey! Yo quiero que salgas del agujero, pero no quiero que te alejes de mi corral. Aquí, yo te protegeré, soy rápida, fuerte, los humanos no me pueden detener y si un gallo se acerca yo te voy a defender. Rey no regreses al agujero, pero si quieres seguir escondido, hazlo debajo de la paja en mi corral."

Jackson confundido por la reacción y las palabras de Carisma le grito, "¡Yegua tonta! ¿Como se va a liberar Rey? Sí siempre está escondido en tu corral debajo de la paja. Metido allí, nunca podrá quitarse la cinta que le amarra las patas. Si continúa escondido nadie lo podrá ayudar."

Mientras Jackson y Carisma discutían, el caballo Elvis observaba el semblante triste de Rey y sintiéndose conmovido le pregunto con tono dulce y cariñoso, "¿Qué pasa Rey?"

Rey mantenía la cabeza agachada mientras lentamente arañaba la tierra bajo sus patas, "Estoy cansado. Creo que no puedo resistir más tiempo encerrado en ese agujero. ¡Pero no sé qué hacer! Me siento desesperado y trato de no pensar; aunque mi realidad es que ya no puedo correr. Cuando llega la noche y nadie me mira salgo del agujero a caminar. Cuando todos están dormidos, salto la cerca sin hacer mucho ruido y picoteo y picoteo esta cosa verde que mantiene atadas mis patas.

Mi pico me duele porque a pesar de mis esfuerzos yo siento que solo golpeo el suelo. Lo he intentado tantas veces que, ¡Ya me duele todo el cuerpo! A veces quisiera ir al gallinero para comer maíz. Deseo ver nacer a los polluelos, pero si lo hago, yo sé que no resistiría las burlas de los otros gallos. Cuando miro a las gallinas quisiera bailar en frente de ellas para que regresen a mi lado. Pero ¿Cómo hacerlo? Ahora soy tan torpe, que ni siquiera puedo defenderlas.

Conmovido por la respuesta de Rey, el caballo Elvis tenía los ojos húmedos, sosteniendo con gran esfuerzo las lágrimas que presionaban sus pupilas para no llorar, cuando súbitamente Jackson grito, "¡Las gallinas están regresando!".

Sumamente agitadas por el viaje que habían realizado; las gallinas regresaban al corral de Carisma después de haber encontrado el lugar donde estaba Índigo. Bonita sonrió muy contenta al ver que Rey estaba fuera del agujero y exclamo, "¡Rey, estas aquí! Traemos noticias, ya sabemos dónde está índigo."

Red con tono alegre cacareo, "Si, Índigo no está lejos, está a dos corrales de la entrada sur, los humanos lo movieron junto a Silvia ¡La yegua que es diferente a todas las demás!"

Carisma estaba sorprendida de que las gallinas hubieran encontrado a Índigo y rápidamente motivo a Rey para que lo fuera a buscar, "Rey, tienes que ir a conversar con índigo. El sabrá decirte que podemos hacer para ayudarte a cortar la cinta que amarra tus patas."

Debido al sentimiento depresivo que Rey tenia, parecía que no comprendía muy bien lo que las gallinas habían dicho y respondió, "Yo conozco todos los alrededores de la granja. Para hablar con índigo tengo que caminar mucho, porque el corral de Silvia está en el lado sur de la granja, ¡Muy lejos de aquí!"

Tratando de ayudar Red esponjo sus plumas y sacudiendo las alas le dijo a Rey, "Si subes sobre mi lomo yo puedo correr contigo hasta el corral donde esta índigo."

Pensando que la idea de Red era muy buena para ayudar a Rey y llevarlo a que conversara con Índigo Bonita agrego, "Si Red se cansa de llevarte sobre su lomo, yo también puedo ayudar. Yo También te puedo llevar sobre mi lomo un tramo del camino hasta el corral de Silvia y así tu no tendrías que caminar."

Escuchando a las gallinas Rey recordó las veces que ellas le suplicaron por ayuda cuando los gallos las atacaban y la forma tan frustrante que el no pudo defenderlas. También recordó la forma tan cruel como los gallos se burlaban de él por ser tan torpe y dejarlas abandonadas al salir huyendo de los ataques de los otros gallos. Dejándose llevar por los recuerdos Rey no pudo pensar con claridad y se llenó de rabia por la situación que estaba viviendo, entonces grito con furia, "¡Bastantes burlas he recibido! Ustedes me quieren hacer sentir ¡Humillado! por todos los gallos y gallinas cuando vean que ustedes me llevan sobre sus lomos. ¡No! Eso no puede suceder. ¡Yo soy fuerte! No puedo correr, pero todavía puedo saltar y caminar. ¡Sí!, voy a ir a platicar con Índigo, pero lo hare por mí mismo." El conflicto de sentimientos desatados en el interior de su corazón, no le permitieron a Rey comprender el daño que les hacía a las gallinas que solamente querían demostrarle su amor y lealtad a pesar de las circunstancias que estaba viviendo, entonces en medio de su arrebato emocional Rey les lanzo un terrible graznido, "¡Largo de aquí gallinas! Carisma tiene razón ustedes son tontas."

Llena de tristeza y dolor al ver el sufrimiento de su hijo, expresado en las palabras tan duras que les había dicho a las gallinas, Carisma dejo que su antipatía surgida en el pasado hacia las gallinas saliera a través de su enojado relinchar en contra de ellas, motivando a Rey a actuar con crueldad, "¡Sí!, las gallinas son tontas anda King, jálales las plumas, luego patéales ¡La cola y el trasero!"

Las pobres gallinas se sintieron aterradas ante la fuerte reacción de Rey y Carisma en su contra, entonces les preguntaron, ¿Por qué nos tratan así? Y sin esperar la respuesta salieron corriendo despavoridas. Temerosas y asustadas no comprendían porque la agresividad de Rey y Carisma se desataba en su contra, si ellas solo estuvieron ayudando. Con lágrimas en sus ojos ambas gallinas se fueron corriendo en dirección del gallinero. Mientras Rey las observaba partir su furia comenzó a disminuir hasta ser sustituida por un sentimiento de tristeza que invadió su ser al verlas partir.

Rey hubiera querido gritar, "Perdónenme, por favor no se vallan, regresen a mi lado", Pero su orgullo también estaba lastimado y se convirtió en el obstáculo más grande para pedirles que regresaran junto a él. Al mismo tiempo que las imágenes de como los gallos lo golpeaban cuando las quería proteger lo hicieron sentir miedo de no poder defenderlas, así que las vio desaparecer en dirección al gallinero sin decir nada.

Con la mirada triste, los sentimientos reprimidos y los pensamientos confundidos Rey decidió comenzar a caminar hacia el lado sur en busca de Índigo. Sin decir nada comenzó su viaje por la parte trasera del corral de Carisma, donde él tenía la seguridad de que los otros animales no lo podían molestar; su paso era lento, sus movimientos cansados, pero, aunque él pensaba que el corral de Índigo estaba lejos, tenía la certeza de que lograría llegar.

Los caballos estaban en silencio, ninguno había dicho nada después de la agresiva reacción de la yegua y el gallo hacia Bonita y Red, hasta que Elvis movió su cabeza en dirección hacia Carisma y le dijo, "No debiste asustar a las gallinas. Ellas solo querían ayudar. Si Rey va a buscar a Índigo caminando por la parte de atrás de los corrales se tardará mucho tiempo, porque el camino es más largo y para Rey será más duro atravesarlo con las patas amarradas. Hubiera sido mejor que viajara subido en el lomo de las gallinas."

Con actitud de duda Jackson pregunto, "¿Pero ustedes creen que va a ir a buscar a Índigo? Porque Rey se fue sin decir nada, caminando con la cabeza agachada y sin despedirse."

Carisma no opino nada acerca de los comentarios de los caballos, pero agrego, "¡Lo voy a seguir! Sin que se dé cuenta hasta el final de mi corral. Si Rey llegara a necesitar mi ayuda, entonces me acercare para dársela."

Murango el caballo salvaje, había observado todo sin intervenir desde el corral de Índigo y cuando vio que Carisma se preparaba para seguir a Rey se acercó a su corral y le dijo, "Cuando uno de los miembros de mi manada, perdía el sentido de la realidad o se ocultaba en medio de sus temores y miedos. Olvidando por completo donde encontrar la fuerza necesaria para no sentirse débil... Perdido en el orgullo o envuelto en sus propios pensamientos, yo siempre lo dejaba caminar solo, lejos de la manada para que aprendiera con dolor o con valor a ¡Encontrarse a sí mismo!

Al escuchar las palabras de Murango, el temperamento impulsivo de Carisma la hizo saltar sobre su propia sombra y con rabia insólita corrió hasta la cerca que la separaba de Murango. Entonces ella comenzó a patear la madera repetidamente con fuerza, como si quisiera con esa reacción eliminar todo el dolor que sentía por lo que le ocurría a su hijo; mientras le bufaba a Murango, "¡Fuera! ¡Largo de aquí! Caballo salvaje, ¿Cómo encontraremos a Rey? si no está perdido. ¿Como va a ser débil?

si es un gallo fuerte. ¡Vete! No te quiero cerca de aquí, que los humanos regresen a Índigo."

El relinchar embravecido de Carisma y los fuertes golpes que daba sobre la cerca de madera, generaron mucho ruido que se escuchó en casi toda la granja. Sin embargo, Rey no lo escuchaba. Estaba sordo, absorbido por el interés de llegar al corral de Silvia. El deseaba poder conversar con Índigo. Alentando un hilo de esperanza que le decía muy dentro de su ser que todo se puede solucionar. El carácter impulsivo de Carisma le había hecho ganarse la fama de ser una yegua tonta y el ruido estrafalario que ocasionaba ese día golpeando la cerca de madera, llamaron la atención de los humanos que comenzaron a llegar para tratar de controlarla, lo cual solo empeoro la situación de Carisma que al ver a los humanos comenzó a correr a galope lejos de ellos.

Por otro lado, sin percatarse de lo que estaba ocurriendo con Carisma, Rey continuo su camino dentro del corral por un largo rato. Tenía que caminar despacio porque cuando su instinto le invitaba a correr, se caía de cara al suelo golpeándose el pico. El espacio que había entre sus patas no le permitía moverse rápidamente así que recordó como las gallinas marchaban detrás de él formando una fila cuando le seguían por el establo. Así decidió caminar moviendo las patas con ritmo, con sutileza, con poca gallardía, pensando que estaba de casería, como si estuviera caminando hacia un enorme gusano que no se quiere dejar escapar. De esta forma avanzaba despacio y sin tropiezos, sin riesgo de caer de frente hacia el suelo.

Después de una hora llego hasta el final del corral de Carisma. Observó cuan alta era la cerca de madera y que no podía pasar por debajo de ella hacia el siguiente corral porque la cerca tenia del otro lado una tela metálica pegada que le impedía el paso.

Observando la cerca de madera Rey pensó, "¿Qué puedo hacer para subir? Si no puedo correr para tomar vuelo. Tampoco puedo saltar hasta arriba. Tengo que pensar y encontrar la forma de subir, porque debido a la tela metálica no puedo atravesar la cerca."

Rey comenzó a dar vueltas en círculos y abriendo sus alas golpeo el suelo, se dio cuenta que la fuerza del viento que generaba lo alzaba por arriba de la primera tabla. Entonces se acercó de nuevo a la cerca y agitando sus alas se impulsó hacia arriba para luego sujetarse con sus patas de la primera tabla, al mismo tiempo con el pico se dio balance agarrándose de la tela metálica. Rey repitió lo mismo tres veces más, hasta que logro posicionarse en la parta alta de la cerca. Desde esa altura observo lo grande que estaba la grama y comenzó a imaginar lo complicado que sería atravesarla sin poder correr libremente con sus patas. También tenía que enfrentarse al problema de como bajaría de la cerca.

Después de estar observando hacia abajo por algunos minutos Rey se preguntó a sí mismo, "¿Como haré esta vez para bajar la cerca? Por qué si salto me puedo quebrar las patas. ¡Pero, yo no puedo detenerme aquí!"

Y por primera vez tuvo una perspectiva diferente de la composición física de su cuerpo, siempre dependiendo de sus patas para correr, pelear, escarbar, buscar comida, separar peleas, trepar cercas altas y vivir en la granja. En esta ocasión tenía que usar sus alas; ya lo había hecho antes para alcanzar la parte alta de la cerca. Ahora las utilizaría para descender sobre el viento con sus plumas largas. Entonces recordó como los pájaros vuelan y cuantas veces los había observado desde el suelo, jamás había intentado imitarlos. Los ojos de Rey se llenaron de lágrimas por una sensación inexplicable que oprimía su corazón, que le impulsaba a seguir adelante. Se sacudió las plumas, extendió las alas, las agito contra el viento y se lanzó al vacío al mismo tiempo que las movía logrando descender despacio sin golpearse contra el suelo.

Cuando sus patas tocaron el suelo Rey exclamo con júbilo, "¡Lo logre! ¡Lo logre! ¡Lo logre! Bajé de la cerca sin utilizar mis patas para brincar de tabla en tabla. Ahora utilizare mis alas para avanzar más rápido por entre la grama, evitando tropezarme debido a esta cosa que amarra mis patas."

Cuando Rey comenzó a caminar se percató de que podía perderse en medio de la grama debido a que estaba muy alta, gruesa y obstaculizaba su camino. Si no avanzaba con rapidez sus patas se podían enredar más con la cinta verde esmeralda. Eso ya había ocurrido antes con la rama que se había caído de un árbol y estaba tirada en el suelo. Así que comenzó a saltar al mismo tiempo que aleteaba con fuerza, de esta forma podía ver por encima de la grama. El continúo saltando sin detenerse hasta que logro llegar al próximo corral.

Cansado y hambriento estaba Rey cuando se detuvo frente a la segunda cerca que lo dividía del corral donde estaba Índigo. Esta vez no había tela metálica que le impidiera pasar por debajo de la primera tabla de la cerca.

Rey observo para todos lados y se dio cuenta que no había nadie a su alrededor, "Estoy cansado, me duele todo el cuerpo, tengo hambre, pero no tengo fuerzas para escarbar y buscar comida. Afortunadamente para mí, la grama tiene muchos insectos así que estirare mi cuello y los atrapare con mi pico abierto."

Rey actuó de la forma que estaba pensando y comenzó a atrapar insectos para satisfacer su necesidad de comer y recuperar fuerzas para continuar. Porque aún le faltaba bastante camino por recorrer.

Como se sentía agotado, Rey decidió quedarse donde estaba parado un tiempo para descansar así que doblo sus patas y se echó sobre la grama. Rey comenzó a sentir sueño. Sus Oídos percibían el ruido de un motor a la distancia que se escuchaba en toda la granja. Era un ruido inconfundible para los animales porque ese ruido les invitaba a cenar. Rey haciendo un esfuerzo comenzó a abrir lentamente sus ojos. Sin embargo, se quedó dormido por el cansancio del esfuerzo realizado. Después de un rato se despertó sobresaltado, levanto la cabeza, observo que la luz del día ya no brillaba tan fuerte en lo alto; entonces se incorporó y cruzo al siguiente corral sin mucho esfuerzo.

Caminando rítmicamente como si estuviera participando en un desfile o en una competencia de caminata libre; por momentos respiraba profundamente, agitaba sus alas para luego saltar con fuerza. Entonces volaba distancias muy cortas, pero con cada impulso que daba se acercaba cada vez más a la tercera y última cerca que lo separaba del corral donde Índigo estaba.

Cuando llego a la última cerca los ojos le brillaban, el corazón le palpitaba por la emoción de que muy pronto llegaría hasta donde Índigo estaba. Recordaba como todos los caballos alrededor del corral de Carisma le habían impulsado a buscar a Índigo para encontrar la forma de soltarse las patas y recuperar la libertad tan anhelada.

Entonces de un salto subió a la primera tabla. Casi sin detenerse, impulsándose con el viento abrió sus alas y se empujó hacia la segunda tabla. Rey hizo lo mismo con la tercera y la última tabla. Cuando llego a lo alto de la cerca abrió sus alas agitándolas fuertemente para luego lanzarse hacia el suelo. Después, apoyándose en el viento se deslizaba brillantemente sin golpearse. Cuando termino el descenso cayo de pie. Al tocar el suelo un grito de alegría salió de su garganta. Comenzó a cantar feliz porque estaba cerca de la meta final. Muy pronto podría ver y conversar con índigo otra vez.

Rey estaba tan absorto en su proeza que no se percató que estaba siendo observado por Duke, el caballo amable pero testarudo de la granja, "¡Qué escandaloso gallo! ¡Yo nunca había visto un gallo que atravesara de un corral a otro de esa forma tan exagerada! Todos los gallos y gallinas que he visto atravesar esa cerca lo han hecho caminando por debajo de la primera tabla."

Al escuchar a Duke relinchar, Rey observo detenidamente la cerca y le respondió, "Estoy muy cansado. No me di cuenta de que está cerca tampoco tiene tela metálica, por eso salte de tabla en tabla para poder llegar a este corral. Estoy aquí buscando a Índigo ¿Conoces tu a Índigo, el caballo sabio? ¿Sabes dónde está?"

Duke estaba parado en medio de un riachuelo, con la cabeza erguida y los ojos medio abiertos, con actitud despectiva hacia el gallo. Sin embargo, le respondió, "¡No!, no lo conozco. Tampoco me interesa saber dónde está. Aunque tal vez debería decirte que Índigo siempre está con Silvia, la yegua fea y extraña comiendo pasto al frente de este corral."

"Bien, no importa que no lo conozcas. Ya me dijiste donde esta Índigo. ¡Yo lo encontrare! Porque sé que está bien cerca de aquí." Dijo King emocionado.

Duke bajo la cabeza un poco y abriendo totalmente sus ojos le dijo al gallo, "¿Como vas a hacer para buscarlo? Porque para ir al frente del corral necesitaras atravesar este riachuelo. Por si no sabes, tú has pasado de un corral a otro por la parte de atrás de la granja y para ir al frente de este coral ¡Te repito! Tú tienes que atravesar este riachuelo que nos separa." Luego Duke volvió a erguir la cabeza y cerro otra vez sus ojos.

Rey comenzó a inquietarse por la actitud de Duke, pero con tono amable le dijo, "Tú estás parado exactamente a la mitad del riachuelo, por favor ¿Podrías estirar tu cuello hacia mí? Luego tomarme por las plumas y colocarme sobre tu espalda para que yo desde tu lomo pueda saltar hacia la otra orilla. Oh, tal vez ¿Podrías estirar el cuello para sujetarme con tu boca y lanzarme por el aire hacia la otra orilla? Así yo podré aletear fuertemente hasta llegar al otro lado del riachuelo."

"Crees que yo no sé lo que estás pensando." Dijo Duke con indignación, "Crees que yo no conozco tus intensiones, ¡Yo no me muevo de aquí! Porque si me quito de mi lugar, tú me robaras el espacio que ocupo; entonces te quedaras a vivir en el riachuelo y yo me quedare sin nada.?

Fastidiado porque no lograba obtener la ayuda de Duke Rey le pregunto, "¿Pero tú no escuchaste que la comida esta lista? Yo observe que los otros caballos ya se fueron a comer. ¡Si tú te quedas aquí no comerás! Los otros caballos se comerán todo y te quedaras con hambre."

Cuando Duke escucho la palabra ¡Comida!, abrió los ojos, paro sus orejas y relincho con fuerza. Al mismo tiempo que comenzó a caminar para salir del riachuelo. Entonces Rey salto con fuerza y agito sus alas para lograr elevarse a la altura del lomo del caballo, su intención era cruzar el riachuelo sobre el lomo de Duke. Pero debido a la velocidad que Duke llevaba para buscar la comida, Rey no pudo treparse al lomo del caballo. Entonces, cuando pensó que se caería al agua del rio instintivamente abrió el pico y se sujetó de la cola de Duke; quien al sentir el picotazo en su cola, la sacudió con fuerza lanzando a Rey por el aire hacia el otro extremo del rio. Rey agito sus alas, pero no pudo evitar caer y rodar como bola de pasto sobre el suelo. Así quedo adolorido y cansado tirado en el suelo un largo rato.

Como ya casi comenzaría a oscurecerse, índigo y Silvia después de haber comido mucho pasto, estaban caminando por el corral en dirección a su cabaña cuando de repente Silvia se detuvo y dijo con fuerza, "Índigo mira ¡Un gallo! está aquí tirado, pero esta tan lastimado. ¡Parece que está muerto!"

Índigo se acercó al gallo y exclamo preocupado, ": Este gallo ha perdido muchas plumas. Está cubierto de arena. ¡Pero no está muerto!". Índigo utilizando su nariz comenzó a mover al gallo, "Por los colores de su cola ¡Este gallo es Rey! Las gallinas me contaron que vendría a buscarme. ¿Pero porque esta lastimado?"

Intrigada Silvia pregunto, "¿Es este Rey? ¡El gallo valiente y apuesto! Que canta todas las mañanas por todos lados. Pobre gallo ¿Sera que está herido?"

"Si" Respondió Índigo, "Parece herido lo que no sabemos es si del cuerpo o del corazón porque fue rechazado por todo el gallinero; vamos a intentar despertarlo."

Índigo suavemente movió a Rey otra vez con su nariz, mientras lo llamaba por su nombre, "Rey, despierta."

Rey se incorporó un poco y abrió sus ojos, "Ooooh, me duele todo el cuerpo". En ese instante Rey reconoció a Índigo y Silvia, "Oh, hola Índigo, hola Silvia, vengo en busca de ayuda y respuestas. Estoy cansado, confundido y no sé qué hacer. Carisma dice que me esconda, que no me deje atrapar por los humanos. Jackson dice que me deje atrapar y ayudar por ellos. Y aunque no quiero, recuerdo lo que Carisma siempre me ha dicho, que fueron unos humanos los que atraparon y amarraron a Stripes el gato. Que los humanos solo quieren quitarme la libertad. Y no se ¿A quién debo hacerle caso?"

Índigo miro fijamente a King y le pregunto, "¿Has venido a buscarme desde el corral de Carisma? ¿Por qué lo hiciste por la parte de atrás? En lugar de venir por el camino de enfrente que es más corto y sin peligros. ¡Mírate! durante tu viaje has perdido algunas plumas y recibido algunos golpes y tú sabes que pudiste evitarlos caminando por el frente de los corrales."

"Vine a buscarte, tratando de que no me vieran" le explico Rey, "Porque los gallos no me respetan, las gallinas no se me acercan. Esta cosa verde no me la puedo quitar, los humanos me persiguen ¡Yo no quiero perder mi libertad!"

Índigo sacudió su cabeza de izquierda a derecha, porque estaba desconcertado con la respuesta de Rey, "Haz echo un viaje largo y peligroso. ¿Sabes? Creo que ha sido en vano porque si yo pudiera quitarte la cosa verde que tienes amarrada a tus patas, lo habría hecho desde el primer día. Además, muy pronto regresare a mi corral porque Silvia se va de la granja y Murango el caballo salvaje regresara a vivir en este corral. Y otra cosa Rey, con tus respuestas solo me has dicho lo que los demás quieren, pero no me has dicho ¿Qué quieres tú, hacer? Porque; para encontrar una respuesta o una solución a tu problema, primero hay que saber qué es lo que tú quieres para ti mismo."

Desconcertado Rey por lo que escuchaba pensó que Índigo no quería ayudarlo y respondió con un grito, "¡Quiero ser libre! Pero no puedo correr, ¡Quiero volver al establo y al gallinero! pero los gallos no me dejan, me pegan, me picotean porque ya no me puedo defender de todos sus ataques."

Índigo con voz fuerte lo cayo, "Basta, ya escuché lo que quieres y ya escuché lo que no puedes hacer, pero dime ¿Qué otras cosas sabes hacer además de quejarte? Y sentir lastima por ti mismo."

Rey se quedó en silencio por un momento pensando, "En mi viaje hacia aquí descubrí que puedo abrir mis alas, golpear con ellas el aire para subir a las cercas de los corrales. Si lo intento, siento que podre saltar a las ramas de los árboles, también se cómo me puedo esconder donde nadie me pueda encontrar."

Analizando la situación Índigo le dijo, "¡Ese es el problema! Tú has pasado mucho tiempo escondiéndote de todos y de todo lo que te pasa en lugar de enfrentar tus problemas y buscar la solución para liberarte de la cosa verde que te atrapa por las patas. Además, recuerda esto "Los humanos solo quieren ayudarte, así como tu aprendiste a ayudar a los gallos y las gallinas en el gallinero". Entiende Rey ¡Es tiempo de que aprendas a recibir ayuda! Y aprende a utilizar lo que sabes hacer para defenderte y alcanzar tus metas en la vida. Rey comienza por sacudirte la arena de las plumas, eso es algo muy simple de realizar, pero todavía ¡No lo has querido hacer!"

Rey se quedó callado, pensando. Entonces sorpresivamente abrió sus alas golpeando el aire y así comenzó a aletear cada vez más fuerte. Luego comenzó a saltar en vez de caminar.

King estaba como loco dando brincos y aleteando por todos lados. De repente se detuvo unos segundo y grito, "¡Gracias Índigo! Voy a utilizar lo que se hacer para defenderme, voy a volver a pasear por el establo. Volveré a buscar a mis gallinas en lugar de quejarme por lo que estoy viviendo."

Índigo le respondió, "Escucha Rey, para ganar, muchas veces hay que cambiar nuestra manera de pensar o de actuar." Pero Rey ya no lo estaba escuchando.

Rey no comprendió lo que Índigo trato de enseñarle con sus palabras. Y por un par de horas siguió saltando y aleteando con fuerza hasta que ya había oscurecido. Luego comenzó el camino de regreso hacia el corral de Carisma, pero no lo hizo por la parte de atrás. Esta vez realizo su viaje por el camino principal; de frente a los otros animales. Entonces cuando un gallo se le acercaba para golpearlo o burlarse, Rey movía fuertemente sus alas, saltando al mismo tiempo para elevarse por encima del gallo que lo quería atacar. Sin darse cuenta comenzó a desarrollar la habilidad de volar y en pocos minutos estaba de regreso en el corral de Carisma.

Feliz y emocionado por lo que podía hacer comenzó a protegerse de los otros gallos; subiéndose a las partes más altas de las cercas de madera, luego saltaba y aleteaba para subirse a las ramas más bajas de los árboles que se encontraban adentro de los corrales. Rey decidió no alejarse más del corral de Carisma y comenzó a comer todo lo que los caballos dejaban botado cuando los alimentaban.

Así aprendió a alejarse de los gallos, a defenderse saltando cada vez más alto gracias al apoyo de sus alas. Cuando había problemas se movía volando lejos de todos para protegerse. Muy pronto cambio su escondite entre la paja o debajo del suelo en el enorme agujero que Carisma había hecho con su zapato, por las ramas altas en la copa de los árboles en la granja.

Confusion Y Derrota

Todos los días en cada momento de nuestras vidas tenemos algo por decidir. Cuando nos encontramos en situaciones difíciles muchas veces nos equivocamos o nos culpamos a nosotros mismos por las consecuencias que tenemos que enfrentar. Al encontrar una solución a nuestros problemas no nos importa si es la adecuada, porque en ese instante solo buscamos cambiar las circunstancias que nos rodean y sin darnos cuenta nos rendimos, aunque tengamos que esclavizamos a lo que creemos es correcto. No evaluamos posibilidades; se nos hace más fácil dejarnos vencer sin importar que perdamos nuestros sueños. Entonces nuestras aspiraciones se caen al suelo "No enfrentamos la situación", "No aceptamos nuestra realidad", por eso fácilmente fracasamos en cada intento por alcanzar el éxito. Pero si reconocemos que cada día que comienza es una nueva oportunidad para descubrir quiénes somos, para construir nuevos sueños, para vivir realidades, para corregir nuestros errores, para aprender a vivir y ser felices entonces alcanzaremos el éxito.

Con la habilidad que Rey desarrollo para volar y la seguridad que le daba el poder subir a las ramas más altas de los árboles; su espíritu de valentía se volvió a despertar y comenzó a sentir que no necesitaba nada más para comenzar a vivir otra vez con libertad. Rey quería volver a recuperar todo lo que había perdido y considero que estaba preparado para enfrentarse a todos en la granja. Una mañana muy temprano decidió que ya no se escondería y comenzó a caminar por el establo sin miedo a que todos lo miraran. Lleno de emoción y con el ánimo fuerte exclamo, "¡Me siento fuerte! Voy a salir a pasear por los alrededores de la granja. Extraño el gallinero ¡Quiero conocer a los polluelos!". Los gallos y las gallinas eran siempre los primeros en levantarse cada mañana en la granja y se sorprendieron de ver a Rey cerca del gallinero otra vez.

"Miren quien viene caminando ¡Es el gallo presuntuoso! que se creía ¡El rey de la granja!", dijo Nugget con ironía.

Biscocho comenzó a cantar burlonamente y con provocación, buscando pelea, "Ja jajaja ¡Mira Rey! Tus gallinas están mejor conmigo que contigo, jajaja."

Debido al ímpetu que Rey tenía por demostrar que seguía siendo el líder no pudo resistir la provocación. Entonces comenzó a dar saltos y acercándose hacia los gallos abrió sus alas, luego se abalanzó sobre ellos. Nugget lo recibió dándole un golpe con mucha fuerza en las patas a Rey que lo hizo retroceder, mientras Biscocho se lanzó sobre la espalda de Rey y utilizando sus patas de manera salvaje le arrancaba muchas plumas con el pico, luego picoteo duramente el cuello de Rey, enviándolo al suelo. Las gallinas observaban de lejos todo lo que estaba ocurriendo en silencio, sabían que no podían intervenir. Los gallos jóvenes también observaban lo que ocurría y al ver a Rey desplumado, tirado en el suelo, comenzaron a reírse y a gritarle ¡Cobarde!, querían humillarlo. Luego corriendo en círculos a su alrededor lo retaban a defenderse, "Levántate y pelea".

Pero Rey no se levantó y siguió tirado en el suelo, el picotazo que recibió en el cuello también golpeo su cabeza ocasionando que no pudiera ver bien ni coordinar sus movimientos. Al ver que Rey no se levantaba Nugget se abalanzó sobre él para continuar golpeándolo sin misericordia. Para las gallinas Bonita y Red era terrible observar cómo ese hermoso gallo era lastimado y no poder ayudarlo. El escandaloso ruido que provocaron llamo la atención de Alex, el encargado de los caballos en los corrales del lado norte de la granja, que corrió hacia ellos y con ayuda de una manguera les roció agua para separarlos. El agua fría ocasiono un shock nervioso en Rey y comenzó a saltar y aletear con fuerza sin dirección fija. En ese instante Alex corrió porque quiso atrapar a Rey para ayudarlo; pero el gallo enajenado aleteaba tan duro, tan fuerte, que se le escapó de las manos a Alex antes de que pudiera sujetarlo por completo. Instintivamente Rey siguió alejándose del humano. Alex no se percató de la gravedad de las heridas de Rey y desistió de seguirlo ya que pensó que al haberles rociado agua la pelea se había terminado.

Los golpes recibidos durante la pelea dejaron a Rey muy lastimado y por el esfuerzo realizado con el constante movimiento de su cuerpo, la cinta que lo amarraba estaba apretada ejerciendo presión, provocando que sus patas comenzaran a ponerse moradas. Rey también tenía las alas muy cansadas, ya que había volado mucho para alejarse de Alex tratando de llegar al corral de Carisma. Agotado, pero con sus pensamientos claros el objetivo de Rey era llegar hasta donde estaba su mamá. El cansancio que tenía no le permitieron percatarse que Biscocho y Nugget lo habían seguido silenciosamente y estaban escondidos muy cerca de él.

Rey estaba echado en el suelo, tratando de recuperar un poco de fuerzas, ya casi estaba adentro del corral de Carisma. Después de descansar un poco se levantó con dificultades para seguir su camino, pensando que podía comenzar a caminar sin problemas. Lo motivaba el ver la cerca del corral de Carisma tan cerca de él. Sabía que si pasaba al otro lado de la cerca estaría bajo la protección y seguridad de su madre. Anhelaba regresar a su escondite en la copa del árbol. Pero cuando menos lo esperaba sorpresivamente Biscocho y Nugget se lanzaron sobre él y juntos lo comenzaron a desplumar otra vez. Rey estaba perdiendo sus largas y hermosas plumas doradas porque a golpes con las patas o con el pico los gallos se las quitaban.

Enfrascados en una pelea desigual y cobarde ambos gallos seguían atacando a Rey con vehemencia, parecía que lo querían matar. De repente un escalofriante silbido se escuchó en el aire

"Fuiuiuiuiuiuiikkkkkkkkkk." Los dos gallos se detuvieron y salieron despavoridos porque sabían lo que ese silbido significaba, dejando a Rey casi destruido y tirado en el suelo. Mientras una silueta sombría se reflejó sobre Rey, oscura, temeraria y amenazante. Sintiéndose casi morir, con gran esfuerzo Rey levanto la cabeza para preguntar, "¿Has venido a comer? Porque aquí estoy yo como presa fácil."

Solo el silencio le respondió a Rey mientras los ojos del Gavilán lo observaban con desprecio y después con tono furioso dijo, "Te recuerdas como evitaste que me llevara y comiera a uno de los gallos que hoy te atacaron. Desde entonces te he observado; esperando el momento apropiado para atraparte. Deseando comerte, porque me parecías el platillo perfecto para una cena."

"¿Y qué esperas? Aquí estoy listo para que me comas" respondió Rey.

El Gavilán dio unos pasos hasta quedar de frente a los ojos de Rey y con tono imperativo grito, "¡No me gusta la comida fácil! Antes podía sentir el valor, el coraje corriendo por tus venas; ¡ummm! Me hacía sentir hambre. Quería despedazarte, comerte por partes; pero así tirado en el suelo ¡Lleno de miedo! ¡No me interesa! Ya no me pareces atractivo ni para estar sobre un plato en mi mesa. Voy a ser paciente "serás la carnada perfecta"; cuando esos gallos regresen a terminar contigo yo estaré alerta y me los comeré a ellos uno por uno."

Las palabras del Gavilán terminaron de destruir por completo lo poco que quedaba de sí mismo en el corazón de Rey, "Haz lo que quieras de mí, despedázame o utilízame como carnada, ya nada me importa."

Lentamente el Gavilán camino alrededor de Rey y silbo temerariamente como si fuera un grito de guerra, "Es a mí a quien no me importa o interesa comerme a un gallo fracasado. Sin ti aquí en pocos días yo me comeré ¡Al gallinero entero!"

El Gavilán agacho la cabeza, sus ojos brillaban con rabia y mirando fijamente a Rey a los ojos abrió sus enormes alas, las sacudió con fuerza, levanto la cabeza y se elevó hacia el cielo. Luego se detuvo en la parte más alta de un árbol, donde silbo terroríficamente hacia todos lados. El Gavilán estaba anunciando que muy pronto regresaría a buscar comida otra vez.

Emocionalmente destruido y con multiplex golpes en su cuerpo, Rey no quiso darse por vencido y utilizando las pocas fuerzas que le quedaban se arrastró hacia el corral de Carisma. Cuando llego continúo arrastrándose hasta pasar al otro lado de la cerca. Su cuerpo tenía manchas rojas de sangre que brotaba de las heridas que los otros gallos le habían ocasionado. Imposibilitado para subir a la copa de algún árbol decidió arrastrarse hasta la paja para ocultarse debajo de ella y buscar la seguridad del agujero donde se había escondido antes.

Carisma estaba regresando de trotar por el campo dentro de su corral. Los humanos ya la habían alimentado con comida de caballos y venía a comer un poco de paja como lo hacía cada mañana. Al agachar su cabeza para comer, Carisma noto que algo se movía debajo de la paja. Utilizando su boca comenzó a buscar lo que estaba escondido allí. Sus enormes ojos se abrieron despavoridos y relincho, "¡Rey! ¿Qué te sucedió?". Luego en un movimiento instintivo retrocedió para pedir ayuda, "¡Elvis! ¡Jackson! Rey está herido, vengan pronto." Después de llamar a los caballos, Carisma regreso a donde Rey estaba. Temerosa de que Rey se metiera al agujero le suplico con tono de preocupación, "Rey No te metas todavía al agujero. Espera, voy a lamer tus heridas y veras que pronto te vas a curar."

Los ojitos de Rey se llenaron de lágrimas, "Ya no puedo más Carisma, estoy cansado. He perdido ya toda la fuerza de mis patas. Me siento muy débil. Observa como la sangre no para de brotar por mis heridas. Ya no quiero nada porque he perdido el deseo de seguir luchando."

Los otros caballos ya estaban parados al otro lado de la cerca de Carisma, porque habían acudido a su llamado de auxilio y estaban observando lo que ocurría, escuchando con atención lo que ellos decían. Jackson fue el primero que hablo, "Rey, deja que los humanos te ayuden; si continúas escondiéndote sin luchar, sin curarte, en pocos días nadie podrá ayudarte."

Rey escucho lo que Jackson dijo, pero no respondió. El dolor en su corazón era tan profundo que parecía que había perdido todo sentido de supervivencia. Nada tenía importancia, quería estar solo y abandonarse por completo al vacío que había en su interior. Sin decir nada y haciendo caso omiso a la súplica de su madre, continúo arrastrándose hasta ocultarse debajo de la paja y meterse al agujero."

Después de ver como Rey sangraba, Elvis estaba muy preocupado, "Rey no debería esconderse en ese agujero debajo de la paja. Rey necesita que los humanos le curen sus heridas. Si permanece mucho tiempo escondido en ese agujero se puede morir."

Carisma sabía que Elvis tenía razón al decir que Rey se podía morir, pero tenía miedo de permitir que los humanos se lo llevaran, "Dejemos que Rey descanse un rato. Mas tarde yo lameré sus heridas y el sanara."

Las horas siguieron pasando y Rey continuaba sin cacarear con nadie. Permanencia sin moverse escondido dentro del agujero debajo de la paja. Con el paso de las horas la preocupación de

Carisma comenzó a convertirse en desesperación porque Rey todavía no se había alimentado, ya que no podía proveerse de comida por sí mismo y tampoco aceptaba la que Carisma le estaba dando. Su aspecto era terrible se veía delgado, cubierto en sangre y sin plumas largas que adornaran su cola.

Carisma lo observaba con ternura y sus pensamientos evocaban las bellas plumas doradas de Rey que ya no existían. Los días alegres quedaban en el recuerdo de los pensamientos de la yegua que en ese momento comenzó a llorar inconsolablemente ante la situación que su hijo estaba viviendo. Con tristeza Carisma le suplico, "Rey sal del agujero, quiero lamer tus heridas para calmar tu dolor." Pero a pesar del dolor físico que mantenía en todo su cuerpo, equivocadamente Rey permanecía escondido debajo de la paja, metido en el agujero para alejarse de todos. Rey no quería la ayuda de nadie en la granja.

Carisma y los otros caballos habían permanecido casi todo el día muy atentos a lo que ocurría con Rey que no se percataron que los humanos se habían llevado a Murango; regresando al caballo sabio de nuevo a su corral, hasta que Índigo relincho con alegría, "¡Hola a todos! He regresado a mi corral y me quedare aquí por un tiempo. Silvia se fue a otro lugar. En algunos días más los humanos me llevaran con ella y Murango se vendrá a vivir aquí definitivamente." Como nadie respondió, Índigo pregunto, "¿Qué sucede? Hay mucho silencio aquí. ¿Dónde está Rey? No lo he visto. Tampoco he escuchado su canto. ¿Por qué nadie responde?"

"Rey está escondido adentro del agujero, debajo de la paja. Esta muy herido. No canta porque no tiene fuerzas para hacerlo y tampoco hace ruido porque tiene miedo de que los otros gallos lo encuentren y lo sigan golpeando", respondió Carisma.

De forma triste Elvis agrego, "Además, Rey sigue amarrado de las patas. Está todo cubierto de sangre y nosotros estamos muy preocupados por él."

"¡Está muy lastimado!", relincho Jackson. "Rey se está desangrando, pero no quiere que los humanos le ayuden."

La voz de Índigo llego hasta los oídos de Rey; logrando que su corazoncito latiera de prisa por la emoción de saber que Índigo había regresado. Haciendo un último esfuerzo logro moverse y comenzó a arrastrarse empujándose con sus alas, logrando salir con dificultades del agujero. Luego se detuvo cerca de Carisma y le suplico, "Mamá llévame cerca de Índigo", Carisma lo tomo suavemente con su boca y lo llevo hasta donde Índigo estaba; entonces cuidadosamente lo coloco sobre el suelo.

Con la poca voz que le quedaba Rey grito, "¡Regresaste!", Luego agachando la cabeza dijo, "Índigo, lo siento mucho, te falle. Hice lo que me aconsejaste, pero ya no puedo seguir luchando; me esforcé por utilizar la fuerza de mis alas para seguir viviendo con mis patas amarradas. ¡No funciono! Los gallos que yo protegía se volvieron en mi contra, porque me tienen envidia. Me han desplumado y lastimado tanto que ya no tengo la suficiente energía para pararme de nuevo."

Índigo suspiro con fuerza y esforzándose por no llorar le respondió a Rey, "Yo no te aconseje que aprendieras a vivir con tus problemas. Yo te invite a que utilizaras todo lo que tenías para solucionarlos; pero al parecer escuchaste lo que más te convenía. ¡No me fallaste a mí! ¡Te fallaste a ti mismo! Al dejarte derrotar por esa cosa verde que es algo tan pequeño comparado con la destrucción que ocasiono en tu vida. ¡No comprendo! ¿Por qué después de tantos días que han pasado sigues amarrado de las patas?"

Desconcertado por lo que índigo decía; Rey le respondió, "Tú me dijiste que usara la habilidad de saltar y volar que tenía para protegerme y ayudarme a vivir en la granja. Yo sabía que mis alas eran fuertes, que con mis plumas largas podía volar, que podía moverme a todos lados de la granja; por eso ya no me preocuparon mis patas amarradas, porque no necesitaba correr si podía volar. Además, yo todavía podía caminar.

"¡No!", grito Índigo y sacudiendo su cabeza mientras golpeaba el suelo con su pata derecha le dijo, "Te equivocaste Rey, debiste utilizar la fuerza de tus alas para volar y encontrar la forma de cortar la cosa verde que te ata al suelo. Porque si fuiste capaz de hacer un viaje tan difícil solo para hablar conmigo; debiste usar esa misma energía que te impulso a caminar una distancia larga para encontrar un cambio en tu manera de pensar. Eliminando todo lo que te causa confusión y no te permite ver lo herrado de tus decisiones. Debiste armarte de valor para liberar tus patas reconociendo que no lo puedes hacer solo. ¡Me duele verte así! Porque yo no quería que te conformaras con tan poco; eligiendo hacer lo más fácil y no lo correcto. ¡Ármate de coraje y acepta que necesitas ayuda! Dime Rey, ¿Por qué estás solo? ¿Dónde están tus gallinas?"

"Las gallinas me dejaron", respondió Rey con mucha tristeza, "De las seis que tenía, cuatro se fueron con otros gallos. Las otras dos me esperaron y me acompañaron por un tiempo; pero cuando me vieron derrotado regresaron al gallinero". Sin poder definir lo que sentía en ese instante al sentirse presionado por Índigo, Rey grito desconsoladamente, "¡Mírame!, Estoy en el suelo tirado, golpeado y derrotado".

Cansado de escuchar a Rey lamentándose, Índigo bufo con gran fuerza, "¡Basta! Deja ya de sentir lastima por ti mismo. Cada uno es constructor de su propio destino y hacedor de su fortuna o desgracia. ¿Por qué te has conformado? ¿Qué has hecho durante este tiempo con tu amor a la vida? ¿Por qué has perdido la libertad de correr por el campo? ¡Para ti tan apreciada!".

Sintiéndose frustrado y torturado por lo que escuchaba Rey comenzó a llorar y con un tono suave balbuceó, "¡He sobrevivido! A todo lo que me ha ocurrido. Tengo a Carisma a mi lado. Yo no necesito de nadie del gallinero para estar a salvo. Yo podía subir a la copa del árbol más alto, correr largas distancias, sentirme libre al volar en contra del viento, pero ya no más; esto es lo que soy ahora ¡Solamente un pedazo de trapo viejo! Para todos en la granja".

Conmovido por la reacción de Rey y sintiendo que su corazón palpitaba con dolor al ver como el gallo lloraba, Índigo bajo su cabeza y dulcemente le dijo, "Entiende Rey, tú no has sobrevivido ¡Te has dado por vencido! No quieres aceptar que, por tu manera de pensar, tu vida ha cambiado. Yo no te motive a usar tus alas para que te escondieras y cambiaras tu valor por miedo. Recuerdas como ayudabas a todos en el gallinero, como los defendías, con qué gallardía lanzabas tu canto al viento. Todos te admiraban por intrépido. Si ya no te respetan es porque tu dejaste de respetarte a ti mismo. Un líder debe saber cuándo es tiempo de ayudar y cuando es tiempo de recibir ayuda, siendo humilde. ¡Acéptalo! ¡Aprende! A recibir la ayuda de los demás así sean animales o humanos los que te la brindan. Un rey siempre piensa en el bienestar común, eligiendo lo mejor para todos, sin egoísmo, liberándose del orgullo, aunque tenga que olvidarse de sí mismo".

El llanto de Rey se había detenido y permanecía atento a todo lo que escuchaba y mirando hacia los ojos de Índigo dijo, "¡No comprendo! ¿Como puedo confiar en los humanos? Si Carisma siempre dice que ellos solo quieren quitarme mi libertad. Yo era feliz viviendo solo; nunca debí acercarme al gallinero".

"Otra vez te estas lamentando por lo ocurrido en el pasado", dijo Índigo sacudiendo su melena, "¡Entiende! No puedes vivir pensando en el pasado. Carisma no confía en los humanos, por lo que ella sufrió cuando un humano la trato mal y por lo que el gato Stripes le contó. Ese gato salió de los límites de la granja y se asustó. Los humanos solo lo atraparon para traerlo de regreso. Si lo encerraron en una jaula fue para protegerlo; pero tú nunca te has dado la oportunidad de conocer a los humanos y estar cerca de ellos. Esa cosa verde te amarra las patas; pero a veces las palabras o las experiencias de otros te atan a un espacio pequeño donde te conformas con migajas por ignorancia y por no vivir tus propias experiencias. En tu caso, lo que no has comprendido es que esa cosa verde que te amarra y que llevas en las patas es donde ¡Tu espíritu ha perdido su libertad!"

Rey levanto su cabeza y miro hacia su propio cuerpo y sin responderle nada a Índigo comenzó a cacarear, ": Cuando vi por primera vez la cosa verde volando en el aire me emocioné tanto. Me gustó mucho, por eso quise atraparla y traerla al establo. Pero cuando se enredó en mis patas ¡Yo, luche por quitármela! ¡No pude lograrlo! Me llene de miedo por lo que todos en la granja iban a pensar. Cuando quise correr ¡Me tropecé por primera vez! Luego otra y otra vez; entonces sentí temor de perder mi posición y mi lugar en la granja. Mi propio orgullo me hacía sentir muy fuerte, muy valiente, tanto que me negué a pedir ayuda. Nunca imagine todo lo que me iba a ocurrir. Con el paso del tiempo ¡Me sentí morir por dentro! Mi egoísmo no me dejo pensar en las gallinas ni tampoco en que los otros gallos me seguían como ejemplo. Me dedique a sentir este vacío en mi ser, que se apodero de mí, robándome mis sueños, mis deseos de ser libre y de servir. ¡Ahora sé que aún estoy vivo! Y me arrepiento de haber sido tan negligente. Si voy a morir a causa de mis heridas, prefiero morir luchando.

Por unos segundos Rey se quedó en silencio. Luego levanto su cabeza y moviéndola hacia los lados observo que ya había oscurecido, entonces les suplico, "¡Ayúdenme! Por favor, quiero ir con los humanos. Casi no me puedo mover; ahora sé que no puedo hacerlo todo por mí mismo".

Visiblemente nerviosa y desconcertada por lo que escuchaba, Carisma le pregunto, "Rey, ¿Quieres de verdad ir con los humanos?"

La pregunta de Carisma hizo titubear a Rey, pero con decisión le suplico, "¡Si, Carisma déjame ir! Tú sabes que yo siempre le he tenido temor a los humanos y después de todo lo que me ha ocurrido, le tengo temor a muchas cosas más; pero no quiero morir lleno de miedos, así que déjame ir".

Jackson había permanecido callado y súbitamente relincho, "¡Tengo una idea! ¿Puedes abrir tus alas? ¿Crees que las puedes abrir con fuerza?

Rey levanto sus alas y dudosamente respondió, "¿Mis alas? sí. Mis patas no; porque ya no puedo moverlas".

Jackson doblando sus patas delanteras se agacho y metió su cabeza por en medio de las tablas de la cerca que lo separaba de Rey, que estaba a un lado de Índigo y con tono amoroso le dijo, "Te voy a sujetar por la espalda con mi boca luego te voy a lanzar con fuerza cerca de la puerta de entrada al establo. Tú vas a abrir tus alas con toda la fuerza que puedas para evitar caer pesadamente sobre el suelo. Recuerda aletear duro para que no se quiebren tus huesos. ¡Lo más importante! Lucha por mantenerte vivo hasta que llegue el nuevo día ¡Mañana!"

Con su corazón apesadumbrado y con lágrimas en los ojos Carisma froto su nariz con el pico de Rey y le susurro, "¡Te amo!"

Índigo sabía que Rey estaba haciendo lo correcto y por eso lo animo diciéndole, "No importa lo que haya ocurrido ni lo que digan los demás ¡Yo creo en ti Rey! Y sé que vas a lograrlo"

Tratando de eliminar un poco la tensión que Rey tenia, Jackson juguetonamente le dijo, "Amigo ¡Algún día volverás a brillar!"

Todos los caballos se callaron y un breve silencio quedo en la oscuridad de la noche hasta que Jackson hablo, "¿Listo Rey? Recuerda abrir tus alas y volar con fuerza. Recuerda luchar porque no sea esta la última vez que te veamos".

Entonces Jackson dulcemente, pero con fuerza sujeto a Rey por la espalda, saco su cabeza de la cerca y troto hasta el final de su corral en dirección al establo, donde levantando su cabeza y parándose en dos patas lanzo al gallo en contra del viento lo más lejos que pudo de su corral. Mientras muchas lágrimas caían al suelo, Rey habría sus alas para volar con fuerza y tratar de aterrizar cerca del establo. Segundos después un golpe seco se escuchó, una nube de polvo se levantó a un lado de la puerta del establo; no hubo sonido alguno que saliera de la garganta del gallo que se quedaba desprotegido en la inclemencia del tiempo, en la incertidumbre de no saber qué pasaría y en la inseguridad de los peligros que trae consigo la noche a la granja.

Comenzando De Nuevo

>——·——‹

La oscuridad de la noche había cobijado a Rey, ocultándolo entre sus sombras lejos de las miradas inquietantes de los animales nocturnos que visitan la granja. Pero en la mañana del nuevo día, muy temprano cuando el sol aún no se había levantado, el frio viento de la madrugada amenazaba con congelar al gallo que estaba tirado en el suelo. Su aspecto era terriblemente mal. Había perdido muchas plumas. Tenía manchas de sangre en su cuerpo y como si fuera un trapo viejo Alex, el empleado que cuida de los caballos en los corrales; lo encontró a un lado de la entrada del establo cuando estaba preparando la comida de los animales del lado norte de la granja. Rey estaba golpeado, con ambas patas lastimadas, sangrando porque la cinta plástica de color verde esmeralda comenzó a quemar y cortar su piel de tal forma que se podía ver el hueso de sus patas. Rey había pasado mucho tiempo amarrado y ya no tenían más fuerza para aletear.

Cuando Alex lo vio, se impresiono porque Rey tenía sus alas extendidas hacia un lado y sus ojos estaban tristes y desorbitados, "¿Qué es esto?", se preguntó a sí mismo, porque no sabía que era lo que estaba viendo. Entonces Alex se agacho y moviendo con su mano derecha al animal exclamo, "Creo que es un gallo, parece que está muerto. ¿Pero, por qué tiene las patas amarradas con una cinta verde Esmeralda? En ese instante Alex lo reconoció, "¡Es Rey! El gallo salvaje que no se dejó ayudar ¿Será que algún animal lo ataco en la noche? Pobrecito; está muy golpeado y sus patas muy dañadas se le pueden ver los huesitos ¡Pero no las tiene quebradas!"

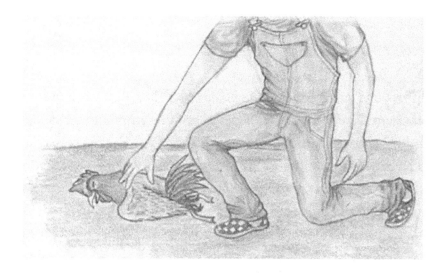

Al sentir las manos de Alex sobre su cuerpo, Rey comenzó a hacer ruidos, "Gruurrrrrsss. Gruurrrrrsss"

Cuando Alex lo escucho haciendo ruidos grito, "¡Está vivo! Le voy a curar sus heridas".

Con el dolor reflejado en sus ojos y sin hacer movimiento alguno, Rey se dejó levantar del suelo. Alex lo tomo en sus manos. Parecía totalmente resignado a dejarse morir. Había perdido todo deseo de luchar y vivir. Era la primera vez que Rey tenía contacto con un ser humano. Cuando Alex lo acerco a su pecho y lo cobijo entre sus brazos una sensación nueva e inexplicable llego al corazón de Rey y pensó, "¿Qué es esto que siento? Que me hace sentir deseos de llorar, pero me da la seguridad y la tranquilidad de saber que no estoy en peligro. Nunca sentí este calor extraño que hace latir mi corazón ¡Me da paz en mi interior!"

Alex con ternura le susurró al oído, "No te preocupes Rey, puedo sentir como tiemblas en mis brazos. ¿Será por miedo?, ¿Sera por frio? o ¿Será por el dolor que sientes? Pero no importa cuál sea la respuesta. Voy a cuidar de ti. Te ayudare a recuperarte. Espero que no te mueras porque estas muy lastimado.

Con mucho cuidado, Alex lo llevo entre sus brazos hacia la oficina del establo donde suavemente lo coloco sobre una mesa. Y con mucha precaución tratando de evitar que Rey sintiera más dolor corto la cinta de sus patas. Luego, aplico medicina a sus heridas y con un gotero puso agua en su garganta.

Alex le dijo, "Tus alas están bien, solo un poco desplumadas. Tus patas, aunque no tienen piel y sangran no están quebradas. Voy a llamar al veterinario y seguramente vendrá muy rápido a revisar tus heridas, porque le explicare que tenemos una emergencia en la granja. Me da mucha tristeza verte así ¡Doblegado por el dolor! Pero mucha más tristeza me da el sentir que no confías en mí. No te preocupes Rey, estoy seguro de que seremos amigos. Con la medicina que el veterinario te dará y con mis cuidados, yo sé que volverás a correr por todos los rincones de la granja, pero mientras estés herido debo ponerte en un lugar seguro, donde nadie te pueda lastimar y donde tu puedas recuperarte por completo.

Alex volvió a tomar a Rey entre sus brazos y agachando su cabeza lo beso en la frente. Al sentir ese beso Rey recordó los besos de su madre y comenzó a llorar. Alex sin saber porque Rey lloraba lo siguió sosteniendo con su brazo izquierdo y utilizando su mano derecha comenzó a acariciarlo; al mismo tiempo que comenzó a caminar fuera de la oficina en dirección hacia las jaulas del establo para animales enfermos. Alex lo llevo a una jaula vacía y grande donde hacía mucho tiempo no ponían a ningún caballo. Pero como era demasiado espacio para mantener a Rey sin que intentara escapar, Alex coloco en el centro una jaula más pequeña para perros y la acondiciono con paja seca para que Rey tuviera un nido donde acostarse y luego lo coloco adentro de la jaula. Justo en ese instante llego el veterinario y lo volvió a sacar de la jaula. El veterinario examino a Rey y le puso unas vacunas. Luego aplico medicina en sus heridas y vendas en sus patas. Después le dejo instrucciones a Alex para que siguiera cuidando de Rey.

Rey mantenía una actitud pasiva y observando todo lo que ocurría a su alrededor pensaba, "No entiendo, tengo tanto miedo de estar aquí en este lugar porque Carisma me dijo que los humanos siempre les quitan la libertad a todos en la granja; pero al mismo tiempo que siento miedo también me siento protegido. Espero que los humanos no me hagan daño. Esto que pusieron en mi cuerpo me está quemando y siento que mis patas me duelen demasiado, pero las caricias de los humanos hacen que me sienta tranquilo. ¿Sera verdad lo que Índigo y Jackson me dijeron? Porque ellos dicen que los humanos no son malos.

Cuando el veterinario se fue, Alex coloco de nuevo a Rey adentro de la jaula para perros y cerró la puerta. Rey comenzó a temblar y su corazón a latir muy de prisa porque sintió que se moriría allí adentro. Ya que el mayor de sus temores se hacía realidad ¡Por primea vez en su vida estaba encerrado adentro de una jaula!

Alex se quedó un rato parado frente a la jaula viendo a Rey temblar y como poco a poco se quedaba dormido, debido a las vacunas que había recibido. Alex observaba cómo ese gallo salvaje, arrogante y orgulloso que se mostraba días atrás difícil de atrapar;

en ese instante parecía "un pollito triste" que no entendía lo que ocurría y que no comprendía la ayuda que en ese momento recibía.

Los días siguieron pasando y Alex comenzó a ganarse la confianza de Rey, porque lo alimentaba todos los días y mientras curaba sus heridas lo sacaba de la jaula y lo levantaba en sus brazos para hablarle suavemente mientras lo acariciaba, "Pronto te vas a recuperar Rey. Veras que volverás a cantar y correr por toda la granja. A veces es tan difícil comprender porque los animales se maltratan y lastiman unos a otros. Aunque aquí en la granja nunca vamos a saber qué fue lo que te paso ¿Quién fue el que te lastimo? ¡Pero si sabemos cómo ayudarte! Tus heridas ya están sanando y muy pronto volverás a ser fuerte y saludable de nuevo. Además, todos queremos escuchar tu alegre canto; los otros gallos casi nunca cantan.

Al escuchar al humano, Rey trataba de responderle cantando, pero de su garganta solo salían sonidos extraños, "Gruurrrrrsss. Gruurrrrrsss"

Alex podía discernir la actitud de Rey, "No te preocupes. No te esfuerces por cantar; en este momento todavía estas muy débil. Estoy seguro de que en pocos días volverás a ser el gallo más bonito de toda la granja y ya verás que muy pronto tu cuerpo se volverá a cubrir de plumas.

Ya habían pasado varios días durante los cuales Rey se acostumbró a vivir encerrado en la jaula para perros, olvidándose de todo lo que existía fuera de la jaula para animales enfermos. Cuando Rey se sintió más fuerte quiso cantar, pero cada vez que lo intentaba de su garganta solo salían sonidos extraños sin definir si eran un lamento, suplica o agradecimiento. Así que, Rey decidió no volver a intentar cantar.

Mientras Rey se acostumbraba a los cuidados de Alex y a vivir encerrado en la jaula para perros, los caballos que vivían en los corrales del lado norte de la granja lo extrañaban y se preguntaban, "¿Cuándo Regresara Rey a nuestros corrales otra vez?", especialmente su madre; ya que Carisma, además de extrañarlo mantenía una tristeza constante en su corazón por no saber nada del gallo, "Hace mucho tiempo que no veo a Rey. A veces creo que los humanos lo encerraron en una jaula y le quitaron su libertad". Los ojos de Carisma se llenaron de lágrimas y relincho con pesar, "Otras veces creo que murió y siento que ¡Jamás regresara!"

Al escuchar el lamento de Carisma, Jackson el caballo juguetón le dijo, "Desde que Rey se fue; tú no vienes cerca de nuestros corrales a platicar. Por eso no has tenido noticias de Rey, a mí una de las gallinas me conto que Rey está encerrado en una jaula para animales enfermos atrás del corral de Elvis.

Al escuchar la respuesta de Jackson, Carisma comenzó a patear fuertemente el suelo con su pata derecha y grito, "¡Yo lo sabía! ¡Que los humanos le quitarían su libertad! Yo sabía que si los humanos lo atrapaban Rey no regresaría."

Al ver la reacción de Carisma, Elvis el caballo grande le dijo, "Cálmate, deja de patear el suelo, los humanos no lo encerraron por maldad, lo hicieron para ayudarlo. Rey se está recuperando. La jaula tiene una ventana por donde yo lo puedo ver todos los días. Los humanos están cuidando de él, lo alimentan y le dan medicinas. Tu no sabias todo esto porque desde que Rey se fue, tú también te alejaste y nunca querías conversar con nosotros, hasta hoy que estas aquí llorando por Rey".

Carisma con enojo les dijo, "Para mí no fue fácil dejar que rey se fuera con los humanos, lo extraño demasiado y me duele el corazón cada vez que pienso en Rey", luego cambiando su actitud y con los ojos llenos de lágrimas Carisma les pregunto, "¿Ustedes creen que Rey volverá algún día a mi corral?"

Elvis le respondió, "Yo he visto a los humanos poner adentro de la jaula para animales enfermos a muchos caballos, gallos, gallinas, patos y cabras. Allí los cuidan, les dan medicina y les ayudan a recuperarse. Después, cuando ellos están sanos los ponen en libertad. Lo mismo va a suceder con rey, cuando el este sano y listo para salir de la jaula, yo sé que regresara a tu lado y a vivir en tu corral". Elvis observo la reacción de Carisma con la esperanza de que ella tuviera fe de que así seria.

Carisma no respondió y dándose la vuela salió corriendo a galope hacia el campo al final de su corral. Los caballos se quedaron quietos observándola desaparecer en medio de una nube de polvo y pasto seco que Carisma levanto cuando comenzó a correr. Los días siguieron pasando y las heridas de Rey sanaron. Nuevas plumas comenzaron a crecer. La energía regreso a su cuerpo otra vez, pero su mirada seguía triste y de su garganta no salía ningún sonido.

Una tarde cuando el veterinario llego a la granja para examinar a los animales enfermos, también examino por última vez a Rey y luego le dijo a Alex, "Llego el momento de abrir definitivamente las puertas de esta jaula, para que el gallo comience a abrir sus alas y regrese a vivir al gallinero". Alex se puso muy feliz y le dijo a Rey, "Mañana serás libre otra vez".

Al día siguiente antes de empezar con sus labores de rutina dentro de la granja Alex se dirigió hacia la jaula donde estaba Rey, "Buenos días, Rey. Hoy te dejaremos en libertad. Hoy vas a poder regresar al gallinero. Hoy compartirás con los otros animales. El veterinario dijo ayer que estas completamente sano. Ya no hay más heridas que curar. Eres libre de regresar al campo. Tus plumas aun no son lo suficientemente largas, pero seguirán creciendo y cubrirán de nuevo todo tu cuerpo. Yo espero que mañana cuando salga el sol, mirarte otra vez parado sobre alguna cerca de madera cantando. Y sé que toda la granja volverá a escuchar tu alegre canto."

Al mismo tiempo que Alex le hablaba a Rey, abrió la puerta de la jaula de metal para perros donde el gallo estaba encerrado para protegerlo de los otros animales y para evitar que se escapara. Luego abrió la puerta de la jaula para animales enfermos que le permitía ser libre y salir a la granja.

Cuando Rey vio que nada le impedía recobrar su libertad, porque Alex dejo abiertas las puertas de las jaulas, Rey comprendió que podía salir de su encierro, pero no se movió y se quedó quieto. Al ver la actitud de Rey, Alex supo que tenía que darle tiempo para que el gallo se decidiera a salir, pero paso todo un día y Rey no realizo el menor intento por dejar la jaula ni la seguridad que allí adentro tenía.

Rey a pesar de comprender la situación pensaba, "No; yo no voy a salir de aquí. Tengo miedo de regresar al establo o al gallinero donde todos los gallos me golpean. Las gallinas me desprecian. No quiero escuchar a Carisma diciendo que los humanos son malos porque no es verdad. Aquí tengo comida y un techo seguro; no voy a perderlos. Ya no me interesa volver. ¡Ahora pertenezco a esta jaula!"

Alex contantemente había estado acercándose a la jaula para ver si Rey ya había salido y por la tarde antes de irse para su casa le dijo, "Ya termino este día Rey y no saliste de tu encierro. Espero que mañana no te quedes aquí adentro porque es tiempo de que salgas a vivir de nuevo. Feliz noche Rey." Luego volvió a cerrar las puertas de las jaulas y se fue.

El siguiente día llego. Y lo primero que Alex hizo cuando llego a la granja fue dirigirse a la jaula donde estaba Rey. Al ver al gallo muy cómodo encerrado en la jaula para perros, Alex decidió no ponerle comida adentro de la jaula sino afuera de frente, donde Rey podía observar el plato lleno de comida, pero no lo podía alcanzar.

Luego le hablo a rey para motivarlo a salir, "¿Qué pasa Rey? No quieres salir ¿A que le tienes miedo? Vamos; si no comes te vas a enfermar otra vez ¡Aquí está la comida! Si la quieres; tienes que salir de esa jaula de metal porque es pequeña y es para perros. ¡Mira! Estamos dentro de una jaula para animales enfermos. Aquí hay mucho más espacio para volver a comenzar de nuevo.

Rey escuchaba muy atento, pero no se movía y pensaba, "Tengo hambre, pero también tengo miedo yo no quiero salir de este encierro. Las jaulas no son tan malas. Te quitan la libertad, pero te mantienen protegido; además siempre hay comida y agua fresca sin tener que salir a buscarla. ¿Para qué quiero salir? ¡Aquí tengo todo para vivir!".

Alex se quedó observando al gallo por unos minutos más y al ver que Rey no se movía se fue a continuar con sus labores dentro de la granja. Cuando Alex se fue, Elvis el caballo grande que todas las mañanas venía a observar cómo estaba Rey y luego se retiraba sin hacer ningún ruido, esa mañana le grito, "Hola Rey ¡Aquí estoy! Mira hacia la ventana. Soy Elvis. ¡Carisma está loca! Desde que Jackson y yo le contamos que tu estas encerrado en esta jaula para animales enfermos, ella está intentando saltar la cerca de su corral para venir hasta aquí a hablar contigo. Quiere convencerse de que todavía estas vivo, por eso quiere venir hasta aquí. Yo he visto al humano que te abrió la puerta de esa jaula pequeña dejarte solo, el humano ya se fue. Sal de esa jaula pequeña y ven hacia esta ventana para conversar como lo hacíamos cada mañana antes de que te atacaran y te lastimaran.

Rey movió la cabeza en dirección a la ventana para responderle a Elvis, "No puedo Elvis. Dile a Carisma que estoy bien. Que lo siento; pero no voy a regresar a su corral porque ahora esta es mi casa. Así que vete porque no voy a salir de esta jaula para conversar contigo".

Ante la negativa de Rey, Elvis se fue sin comprender porque su amigo no quiso conversar con él. Las horas comenzaron a transcurrir lentamente para Rey y comenzó a sentir la necesidad de comer y beber agua; quería sentir el alimento llegar a su estómago por lo que se levantó siguiendo el impulso de su instinto natural que lo empujaba hacia afuera de la jaula buscando la comida, mientras cacareaba, "¡Tengo hambre! ¿Debería salir de la jaula de metal? Creo que no importa si salgo, porque todavía sigo dentro de la jaula para caballos. Después de que coma, regresare adentro de la jaula de metal otra vez".

Las horas siguieron pasando y al atardecer Rey decidió dejar por un lado el miedo que sentía y la seguridad de su nueva casa para buscar el alimento. Había pasado tanto tiempo con el plástico amarrado a sus patas que se le olvido como caminar o correr. Esta era la primera vez que se ponía de pie desde que Alex lo puso en la jaula para perros así que salió saltando y moviendo sus alas.

Cuando Rey salió de la jaula ya el día se estaba terminado. Alex que venía en ese instante a despedirse como lo hacía cada tarde, al ver a Rey fuera de la jaula para perros, camino más rápido, cerró la puerta de metal y no le permitió entrar de nuevo a la jaula para perros.

"¡Lo siento Rey!" dijo Alex, "Sé que es duro comenzar de nuevo, pero a veces un empujoncito nos ayuda a recobrar el valor para volver a creer en nosotros mismos y dejar de sentir miedo. Hoy has salido de la jaula para perros. Espero que mañana, salgas de esta jaula para animales enfermos. Que, aunque es más grande sigue manteniéndote lejos de la vida en la granja. Hasta mañana Rey".

Al verse imposibilitado para regresar adentro de la jaula de metal para perros, Rey no sabía qué hacer. Estaba desconcertado y se sentía desprotegido. No sabía hacia donde saltar porque le parecía que estar afuera de la jaula de perros lo ponía en una posición vulnerable al ataque y a las burlas de los otros animales. Rey comenzó a imaginar que los otros gallos estaban acechándolo y comenzó a sentir mucho miedo al no tener un lugar donde protegerse. Entonces, aunque la jaula para caballos no era realmente tan grande le pareció que se perdería en medio de tanto espacio vacío a su alrededor. Sin saber exactamente lo que hacía comenzó a saltar hasta quedar en una esquina adentro de la jaula para animales enfermos donde se agacho metiendo su cabeza dentro de sus alas, temblando y sufriendo un ataque de ansiedad provocado por la sensación de sentirse desprotegido se quedó dormido.

Al día siguiente Alex llego muy temprano a la granja. Lo primero que hizo fue abrir la puerta de la jaula para animales enfermos donde estaba Rey. Quito el agua y retiro la comida. Saco la jaula de metal para perros. Camino un poco, luego parándose de frente a Rey le dijo con tono imperativo, "¡Ya no puedes quedarte aquí! He trabajado duro cuidándote y curando tus heridas, como para que te quedes tirado en el suelo o agachado en una esquina. Debes salir de aquí y comenzar a vivir de nuevo fuera de esta jaula. Tienes que regresar al gallinero y buscar por ti mismo tu propia comida o morirás de hambre aquí adentro. Yo no pienso volver a alimentarte, así que te quedaras solo en esta jaula para animales enfermos. Me duele ser muy duro contigo, pero es necesario que aprendas a vivir como el gallo que eres y así recuperes tu vida y tu libertad".

Rey había sufrido de ansiedad la noche anterior y esa mañana la actitud del humano le parecía muy agresiva por lo que pensó, "El humano está enojado; pero yo no quiero salir de aquí. ¿A dónde voy a ir? Para que quiero mi libertad si ya no tengo nada fuera de aquí y tampoco a nadie que me esté esperando".

Cuando Alex observo que Rey estaba decidido a quedarse dentro de la jaula para animales enfermos, camino hacia él, lo agarro con fuerza, se dirigió a la puerta de salida, entonces lo lanzo hacia afuera de la jaula para luego cerrar la puerta.

Alex permaneció un instante parado de espaldas hacia Rey y de frente a la puerta cerrada, con los ojos llorosos y tristeza en su corazón susurro, "¡Lo siento mucho Rey!, perdóname por ser tan duro contigo, pero no hay otra manera de ayudarte a entender que tienes que vivir de nuevo en libertad. Yo solo puedo curar tus heridas físicas, las de tu interior las tienes que sanar tú mismo. Debes encontrar la forma de ser feliz otra vez. La felicidad y la alegría de vivir es algo que yo no puedo obtener para ti ¡Es algo que tú debes alcanzar y mantener por ti mismo!", luego sin voltear a ver a Rey, Alex se fue.

Cuando Alex lanzo al gallo hacia afuera, Rey abrió las alas y aleteo con fuerza, cayendo sobre sus patas en el suelo. La luz intensa del sol lo dejo ciego por un instante. Todos los ruidos mezclados provenientes de los animales y los motores de los tractores de la granja lo aturdieron. Rey se sintió desprotegido y nuevamente tuvo mucho miedo. Cuando se acostumbró a la luz del sol, Rey abrió los ojos completamente. Entonces pudo ver con claridad que se encontraba otra vez en los alrededores de la granja. Rey imagino que los gallos vendrían a atacarlo y desplumarlo otra vez, así que no pudo evitar sentir el deseo de buscar la protección de Carisma. Por lo que comenzó a saltar y aletear en dirección del corral de su madre. Quería cobijarse bajo la paja para sentir el calor y la seguridad que en ese momento necesitaba.

Rey daba saltos y aleteaba tan rápido como sus fuerzas se lo permitían cuando ya estaba cerca de los corrales del lado norte de la granja, Carisma lo vio y comenzó a relinchar, "Miren todos es Rey". Cuando Rey llego al corral de su madre paso al otro lado por debajo de la cerca de madera y Carisma agachando la cabeza le dijo, "Rey has vuelto, ¡Como te he extrañado! Cuando Elvis te veía por la ventana que está en la jaula para animales enfermos, regresaba a contarme lo que pasaba contigo. Siento mucho que los humanos te hayan quitado la libertad y te hayan encerrado en una jaula, debiste haber sufrido mucho cuando te quitaron tu libertad".

Rey le respondió, "Los humanos no son malos Carisma, ellos me ayudaron y curaron mis heridas. ¡Mira ya puedo saltar otra vez! ¡He regresado! No me iré más de tu lado, me quedare a vivir contigo. Viviré debajo de la paja o en el agujero grande debajo del suelo que tu hiciste para mí con tu zapato y que cubres con pasto fresco.

Carisma relincho alegremente, "Que alegría Rey, has vuelto y te quedará a vivir en mi corral; ya no regresarás jamás al gallinero".

El dolor de la experiencia vivida había cambiado en Rey su forma de pensar, de sentir; convirtiéndolo en un gallo débil, temeroso de los demás animales. Y aunque el tiempo había logrado que sus plumas volvieran a crecer sanando sus heridas todavía seguía actuando como si estuviera amarrado de sus patas. Con el paso de los días Rey cumplió su promesa de quedarse a vivir al lado de Carisma y no se alejaba de su corral. Rey comía lo que los caballos botaban cuando los humanos los alimentaban.

Un día Jackson le dijo a Carisma, "Oh; pensé que con el regreso de Rey a tu corral, ya nadie iba a poder volver a dormir hasta tarde. Porque yo creí que Rey comenzaría a cantar todas las mañanas como lo hacía antes de que los otros gallos lo lastimaran.

Carisma le respondió, "No, Rey ya no canta. Pasa mucho tiempo debajo de la paja. Muy pocas veces salta hasta arriba de la última tabla de la cerca de enfrente.

Elvis que estaba escuchando, intervino y dijo, "Pero yo lo vi saltando ayer afuera del corral de Carisma. ¡Es posible que muy pronto lo veamos otra vez por los alrededores de la granja!"

Carisma se quedó pensando, "Sera que Rey algún día volverá a ser el mismo gallo alegre y seguro de sí mismo". Luego se alejó en silencio dejando a los otros caballos conversando entre ellos.

El regresar a vivir otra vez en el corral de Carisma, le permitió a Rey poder observar todo lo que hacían las gallinas y los gallos. Aunque Rey había nacido libre, salvaje y muy independiente, no pudo evitar sentir el deseo de volver al gallinero. Ya que el tiempo había logrado que volviera a nacer en su corazón el deseo de regresar a formar una familia al lado de las gallinas. Pero, aunque ya no estaba atado por la cinta verde esmeralda, seguía atado a sus miedos y desconfianzas por eso permanecía alejado de ellos. Sin embargo, Rey no podía evitar expresar lo que sentía, "Quiero saltar afuera del corral de Carisma. Quiero ver a mis amigos en otros corrales. Quiero saber ¿Dónde está Índigo? Pero tengo miedo de encontrarme con algún gallo del gallinero.

El deseo de volver a ser el mismo de antes impulso a Rey a decidir que era tiempo de salir del corral de Carisma. Así que comenzó a saltar por todos lados como redescubriendo los alrededores de la granja. Un sentimiento de nostalgia lo invadió mientras observaba los terrenos que un día estuvieron bajo su dominio y mientras saltaba sin dirección fija, muy pronto se alejó del corral de Carisma; acercándose inconscientemente al gallinero, donde las gallinas y los gallos lo vieron.

Bonita la más joven fue la primera que cacareo, "Todos miren hacia allá, regreso Rey y está mucho más apuesto que antes"

Flecos la gallina precavida también cacareo, "Si, se ve más fuerte y bello".

Nugget el gallo fuerte y atrevido grazno, "Que ni se atreva a acercarse al gallinero. Ahora todas sus gallinas están conmigo. No lo quiero cerca de ninguna de ellas"

"Si se acerca yo lo voy a correr, le voy a enseñar que al gallinero no regresa nunca más", Dijo Biscocho el gallo valiente porque se enojó al ver que Rey estaba de regreso.

Rey los escucho a todos, pero sin hacer caso de lo que decían siguió saltando hacia el establo pasando cerca del gallinero. Entonces Nugget y Biscocho salieron corriendo a toda velocidad, porque querían desplumarlo delante de las gallinas para que ellas no sintieran el deseo que querer regresar con Rey. Pero en esta ocasión Rey abrió sus alas con fuerza y las agito hacia el suelo de tal forma que se impulsó hacia arriba saltando tan alto que paso por encima de los gallos, dejándolos atónitos sin saber que hacer. Luego se alejó saltando de tabla en tabla sobre las cercas de madera hasta alcanzar las ramas de un árbol donde se quedó protegido en lo alto, fuera de peligro porque los otros gallos no sabían cómo volar ni saltar como Rey lo hacía.

Después de lo ocurrido Rey comenzó a sentirse mejor consigo mismo porque ya sabía cómo escapar de los ataques de los otros gallos. Así, que sin importarle que ninguna gallina o gallo lo aceptaban Rey continuaba saltando por todos lados de la granja. Y a pesar de que Rey no se acercaba al gallinero, los otros gallos cada vez que lo veían se abalanzaban sobre él para golpearlo. Entonces Rey siempre movía sus alas con fuerza y saltaba muy alto para alejarse de ellos. Era sorprendente ver como en su afán por escapar Rey podía volar largas distancias de un árbol hacia otro árbol o saltar de una sola vez hasta lo alto de los postes de las cercas de los corrales para evitar las peleas.

Redescubriendose
A Si Mismo

Una forma errónea de auto protegernos es querer olvidar y negar el dolor o el miedo en lugar de enfrentar nuestros temores aceptando la realidad que estemos viviendo en alguna etapa de nuestra vida. Cada día trae una nueva esperanza de poder ser mejores, de aprender algo nuevo y de encontrar una solución a nuestros problemas. Cada nuevo día es una oportunidad para corregir, vivir y sentir que podemos cambiar y alcanzar la felicidad. En cada nuevo día podemos llenarnos de valor para luchar por lograr el éxito en nuestra vida en todo sentido, personal, familiar, profesional y espiritual para vivir con aspiraciones y no conformarnos a caminar sobre nuestro mundo cada día con cobardía.

Los días en el gallinero se volvieron rutinarios. Los gallos llenos de orgullo caminaban erguidos por todos lados. Las gallinas siempre detrás de ellos y los polluelos siguiendo a las gallinas. Si por alguna razón surgía un desacuerdo entre ellos lo resolvían atacándose unos a otros. Sin un líder que los guiara y les enseñara respeto pronto se volvieron egoístas. No compartían la comida y siempre los primeros en llegar se llevaban la mejor parte. Los gallos más jóvenes se peleaban constantemente porque ya no había nadie que los separara y algunas veces se lastimaban duramente. Los caballos en los corrales del lado norte de la granja comentaban todos los días los problemas que sucedían en el gallinero porque siempre los gallos o las gallinas se estaban peleando.

Elvis el caballo grande se acercó al corral de Carisma para hablar con Rey, "Mira Rey, otra vez hay problemas en el gallinero; si siguen atacándose entre ellos mismos tarde o temprano se terminarán matando unos a otros.

Rey no respondió nada, pero Carisma dijo, "Yo siempre lo dije y lo seguiré diciendo ¡Las gallinas son tontas!, por eso se pelean y golpean entre ellas mismas".

Jackson el caballo juguetón pregunto, "Y tu Rey ¿Qué piensas? Antes las separabas y no permitías que se golpearan. También les enseñabas a protegerse y a respetarse unas a otras, ¿Por qué ya no lo haces más?

Rey observaba en silencio todo lo que pasaba y su corazón se llenaba de tristeza, pero al mismo tiempo todo su ser se estremecía despertando su naturaleza protectora que lo comenzó a impulsar a sentir el deseo de parar las peleas. Mientras Rey observaba, su sangre se calentaba dentro de sus venas. En su mente los recuerdos se acumulaban llenando su escasa memoria al recordar como antes imponía respeto, pero no quería confesar que ahora sentía miedo y por eso se justificó ante los caballos diciendo, "Antes yo las separaba, las protegía y les ayudaba. Pero ustedes saben cómo se burlaron de mí. También saben perfectamente como los gallos me atacaron como si fuera su enemigo. Todavía suenan dentro de mi cabeza todas las burlas de las gallinas y debajo de mis plumas siento el dolor de las heridas que me ocasionaron los gallos con sus patas y sus picos. No hago nada, porque no es mi problema. Además; todos ellos me dejaron muy en claro que yo no pertenezco al gallinero"

Jackson desconforme con la respuesta de Rey dijo, "Los gallos jóvenes se están peleando otra vez, dime Rey ¿Porque los sigues observando si no vas a separarlos? O es que ahora disfrutas viendo cómo se hacen daño entre ellos mismos"

Visiblemente molesto Elvis sacudió su melena y agito su pata izquierda contra la cerca de madera del coral de Carisma mientras preguntaba, "¿Hasta cuándo Rey? ¿Hasta cuando vas a permitir el desorden en el gallinero? Antes de que la cinta verde esmeralda te atrapara y se enredara en tus patas no necesitaste invitación alguna para meterte en el gallinero. Tampoco para imponer orden; simplemente actuabas sin pensarlo mucho, ¿Por qué ahora tiene que ser diferente?

Rey no contesto, pero Murango el caballo salvaje que estaba escuchando todo desde el corral de Índigo, donde los humanos lo habían regresado a vivir la noche anterior cuando los caballos estaban dormidos, porque ese corral había permanecido varios días vacío, dijo, "Yo creo que ese gallo que según ustedes ¡Era muy valiente! Se ha convertido realmente ¡En gallina! Por estar siempre detrás de las patas de la yegua tonta que se llama Carisma"

Cuando Carisma escucho relinchar a Murango respondió enojada porque no le simpatizaba el caballo salvaje y tampoco sabía que estaba viviendo otra vez en el corral de Índigo, "Tú, caballo salvaje ¿Porque regresaste? Aunque Índigo no esté aquí ese corral no te pertenece, ¡Vete lejos de aquí!"

Murango bufo con enojo, "Yo no vine aquí porque quise hacerlo; a mí me trajeron los humanos. Así que, si quieres patear traseros patea los de ellos. Y no rompas más tablas de la cerca dándoles patadas como loca. Yo seré salvaje; pero jamás deje solo a ningún miembro de mi manada. Porque a veces el instinto no nos permite razonar lo que hacemos, pero cuando se tiene carácter no se abandona la realidad ¡Así se tenga que luchar por conservar tu autoridad y respeto! Pero ese gallo es un ¡Cobarde! Que se esconde detrás de todos ustedes. Y aunque sienta el llamado de su naturaleza prefiere quedarse comiendo polvo en el suelo, en lugar de luchar y recuperar su lugar en la granja. En el corazón de un líder jamás puede haber rencor y si ese corazón le pertenece a un rey; ese rey debe saber ser humilde conociendo lo que es el ¡Perdón!"

Cansada de escuchar todo lo que Murango decía, Carisma se voltio y levantando sus patas traseras dio un fuerte golpe que se escuchó en toda la granja, provocando que la última tabla de la cerca del corral donde estaba Murango se callera levantando una nube de polvo. Murango se alejó galopando hacia el final de su corral porque podía ser salvaje pero no le gustaban las peleas.

Carisma observando como Murango se alejaba grito, "No me gusta ese caballo salvaje. No se puede perdonar cuando te han desgarrado la carne y tirado al suelo tu sangre. Vete caballo. Diles a los humanos que no te regresen a este corral o voy a saltar la cerca para patearte la cola y el trasero como si fueras una gallina que se salió del gallinero"

Los ojos de Rey se llenaron de lágrimas. Murango lo llamo cobarde; ese era un sentimiento que no cabía en su pecho. Rey sabía que había sido egoísta cuando al principio busco ganarse un lugar en la granja, eso si era cierto. Porque siempre busco mantener su posición por encima de lo que los otros gallos pudieran sentir. Jamás pregunto o acepto opinión alguna acerca de su manera de guiar los destinos del gallinero. Simplemente se aprovechó de su fuerza y su destreza, pero jamás demostró amor a ningún polluelo o gallina; jamás ofreció amistad sincera a ningún gallo siempre camino erguido sintiéndose el rey de la granja, pero jamás había mostrado cobardía ante ninguna situación hasta que la cinta verde esmeralda se enredó en sus patas.

Rey permaneció en silencio y luego le dijo a Carisma, "No mamá, no ataques a Murango, él tiene razón, he sido demasiado petulante y presumido sintiendo que yo valgo más que los demás. ¿Quién sabe? Cuánto daño ocasione en los sentimientos de todos aquellos que se burlaron de mi o que me atacaron con tanta furia y sin explicación para mí. Murango tiene razón. Yo quisiera ayudar, pero no sé cómo hacerlo ¡Ya nadie me respeta! Nadie quiere estar cerca de mí. Todos me miran como un gallo fracasado que por miedo a comenzar de nuevo lo ha perdido todo"

El corazón de Carisma se enterneció al escuchar a Rey hablar de esa forma. Sus ojos grandes se llenaron de lágrimas, pero contuvo el torrente de lágrimas para no llorar y bajando la cabeza toco con su fría nariz el pico de Rey. Entonces, mirándolo a los ojos como solo una madre que siente el mismo dolor y sufrimiento del ser que ama; le hablo susurrándole palabras llenas de amor, "Rey, ¡Eres mi hijo! Te conozco bien desde que eras un huevo. Yo sé que no lo has perdido todo, porque aún tienes un corazón valiente, solo que está confundido porque está envuelto en una coraza de miedo. Busca la fuerza que necesitas dentro de ti para volver a sentir la emoción de vivir y como dijo Índigo cuando aún estaba aquí, -Si quieres ser libre no gastes el tiempo pensando en lo que no puedes hacer o lo que no tienes. Mejor emplea tu tiempo mejorando tus habilidades o desarrollando nuevas oportunidades para ser mejor cada día. Rey, Busca muy profundo dentro de tu ser, si es posible dentro de tu alma, que ahí está tu fortaleza y las respuestas que tú necesitas encontrar para vencer y ganar"

Jackson estaba nervioso escuchando lo que Carisma decía y no pudo contener la risa, "Ja, ja, ja, ja, ja, parece que la yegua tonta sabe hablar y decir cosas buenas; en lugar de gritar y llorar por libertad"

A pesar de las risas de Jackson, el corazón de Rey volvió a sentir el calor de ese sentimiento que se llama amor. En ese instante dejo de vivir como un fantasma incapaz de sentir emoción alguna, lo que su madre le dijo le había ayudado a recuperar la sensación de sentirse vivo de cuerpo y espíritu. El frio que invadía 'Todo su Ser' comenzó a desaparecer y la dureza de su rebeldía se esfumo como agua en cada una de las lágrimas que derramo, porque su llanto era incontenible como si estuviera vaciando su interior para eliminar el rencor, el odio, el miedo y la cobardía.

Sintiéndose capaz de volver a ser feliz Rey le dijo a su madre, "Ya no voy a llorar más Carisma. Ya no voy a lamentarme por lo ocurrido. Ya no voy a permitir que los recuerdos del pasado me aten a una vida miserable. Índigo me enseño que para no fallarle a los demás primero no me debo fallar a mí mismo. ¡Y no lo digo por orgullo! Lo digo porque así lo siento; yo soy muy importante, no porque sea mejor que nadie sino porque he sido criado por ti, Carisma. Tú me has dado importancia y me haz echo valioso en tu vida. Gracias, mamá. No voy a desperdiciar mi tiempo viendo cómo se acaban mis días sin cambiar mi destino ¡Yo no voy a desperdiciar mi vida!"

Desconcertado Jackson pregunto, "¿Cómo vas a cambiar tu destino? Si no te atreves ni siquiera a detener las peleas"

Emocionado Rey respondió, "Índigo me dijo que me redescubriera a mí mismo. Qué sacara lo mejor de mí. Yo sé que lo mejor que puedo hacer es saltar y volar; pero no sé si eso ¿Será suficiente para enfrentar a los gallos? Ustedes son mis amigos. ¡Ayúdenme a encontrar lo mejor que hay en mí! Porque antes, yo sabía correr, pero ya no puedo"

Carisma pensó por un momento y luego pregunto, "¿Qué es lo mejor de ti? Yo pienso que tú te puedes equivocar, pero has aprendido a rectificar y no te das por vencido, eso es lo mejor que hay en ti"

Jackson también opino, "Lo mejor de ti, es que has aprendido a pedir ayuda y aceptar consejos"

Entonces Elvis afirmo, "Sí, efectivamente puedes saltar y volar. Dos habilidades nuevas que has desarrollado en medio de tus aflicciones por sobrevivencia o porque no tenías opciones y pueden ser para ti una fortuna si aprendes a emplearlas correctamente. No las escondas en vanas actitudes. Y efectivamente la nobleza de tu corazón te ha permitido rectificar sobre tus errores y esto te ha ayudado a vencer tu orgullo para reconocer que siempre se necesita ayuda de otros. Pero para mí, lo mejor de ti, saldrá a relucir cuando vuelvas a cantar y correr por los alrededores de la granja; porque esa es tu esencia, porque ese eres tú, porque cuando logres recuperar tu espíritu alegre ¡Yo sé! Que nuevamente serás libre para volver a sentir felicidad. Solo así podrás compartir ese sentimiento y alegrar a todos en la granja"

Rey los escucho a todos atentamente y luego exclamo, "Antes me parecía imposible que volviera a correr. Ahora siento que es ¡Como un sueño que se puede realizar!"

Murango se había vuelto a acercar a los caballos y rápidamente opino al respecto, "Si quieres volver a correr libre como el viento y a cantar como las aves del cielo ¡Cierra tus ojos! Siente ese deseo en tu corazón, siéntelo en tu cuerpo y busca en tu mente los días felices cuando corrías al lado de Charisma por el campo verde e imagina un amanecer anaranjado lleno de brillo. Percibe el sonido de tu propio canto ahogado en tu interior ¡Déjalo salir! ¡Déjalo libre! Y canta para ti y ¡Canta para el sol!"

Al escuchar a Murango, Carisma grito, "¿Otra vez tú?", pero se recordó que Rey le había pedido que no peleara más con Murango, así que se quedó quieta y callada sin decir nada.

Murango al observar que Carisma no hizo nada siguió relinchando, "Ahora antes de que esta yegua tonta vuelva a patear las tablas de mi cerca; abre tus ojos, respira profundo y ármate de valor para materializar tus sueños, tus anhelos ¡Se libre y salta al suelo! Abre tu mente porque ya no hay nada que ate tu corazón. Libera tus sueños. Corre veloz mientras cantas libre al viento"

Jackson agrego, "Seguro que si puedes volar y saltar también podrás correr"

Rey podía sentir el viento moviendo sus plumas, pero también podía sentir que sus patas eran pesadas como troncos de leña. También tenía desconfianza de lanzarse al suelo y no poder correr; sin embargo, abrió sus alas y se lanzó al vacío. Cuando sus patas tocaron el suelo, su primer impulso fue saltar otra vez, pero lentamente las movió una por una. Sus primeros pasos fueron torpes. La emoción de volver a caminar le dieron la fuerza que necesitaba para ponerle velocidad a su andar y comenzó a correr de nuevo. Haciendo círculos en el suelo bailaba abriendo sus alas para levantar con la punta de sus plumas polvo al compás de sus movimientos.

Elvis le grito, "Vamos Rey, sube a la parte más alta de la cerca y canta con toda tu fuerza. ¡Canta como los pájaros cantan libremente para que en todas partes de la granja se escuche tu cantar!"

Rey subió a la parte más alta de la cerca. Luego llenándose de valor aleteo con fuerza y comenzó a respirar profundamente para cantar, pero solo un sonido extraño se pudo escuchar, "Gruuurrrr, Gruuurrrr"

Muy emocionada Carisma, al ver que Rey estaba intentado cantar le grito para animarlo, "Vamos Rey, llena tus pulmones de aire y abre mucho el pico, yo sé que puedes lograrlo"

Rey lo volvió a intentar, "Kikkkkkk, Kiiiikkkkk, KiKikkkkkk"

Elvis le aconsejo, "Rey, ya casi estas cantando, pero tienes que hacer que el aire salga de tus pulmones. ¡Esfuérzate! Tienes que lograr que el sonido salga de lo profundo de tu ser"

Cuando Rey escucho el consejo de Elvis, cerro los ojos y dejo que su mente volara a los días llenos de sol cuando muy de mañana salía a correr. Recordó como mojaba sus patas con el rocío acumulado en la verde grama. Lentamente sintió como el valor y la convicción de que podía cantar regresaron a su cuerpo. Abriendo sus ojos, deseo dejar de imaginar para convertir sus sueños en realidad y como si fuera magia un hermoso canto broto nuevamente de su garganta. Si, emitió un canto fino, bello, tan potente que fue escuchado por todos en la granja.

"KiiiKiiiRiiiQuiiiiiii, KiiiKiiiRiiiQuiiiiiii."

Los gallos al escuchar el canto de Rey se llenaron de celos, porque las gallinas comenzaron a cacaraquear deseosas por ir a buscarlo. También los polluelos tuvieron curiosidad y salieron corriendo del gallinero para observar y escuchar al gallo que estaba cantando"

Red la gallina paciente cacaraqueo con alegría, "Ninguno de los gallos en el gallinero tiene esa fuerza para cantar. El único que lo hacía antes era Rey, pero ¡Él ya no canta más!"

Flecos la gallina precavida cacaraqueo con emoción, "Yo reconocería ese canto donde quiera que fuera y no tengo duda alguna que el gallo que está cantando es ¡Rey!"

"¡Si! Es Rey." Dijo Bonita la gallina más joven cacaraqueando de forma muy coqueta "Yo sé que es Rey y voy a verlo. Su canto es fuerte y bello. Siento como mi piel se eriza y mis plumas se esponjan a toda prisa"

Red siguió cacaraqueando, "El sonido de ese canto es como un llamado. Es como si me empujara hacia Rey de nuevo. Yo voy a buscarlo"

Todas las gallinas salieron en estampida, sin importarles que los otros gallos trataran de impedirlo. Y se fueron a buscar a Rey.

Mientras en lo alto de una cerca, Rey sentía como el viento movía su plumaje largo, brillante y bello. La sensación de haber cantado como antes lo hacía sentirse seguro de sí mismo. Rey mantenía los ojos abiertos percibiendo con todos sus sentidos la emoción que estaba viviendo.

De repente Rey cerro sus ojos un instante para calmar los latidos de su corazón y cuando los abrió, bajo la cabeza un poco; su mirada se encontró con una gallina que lo observaba desde el suelo. Rey no podía creer lo que veía "Bonita estaba allí" contemplando sus movimientos. Era increíble, una de las seis gallinas, que habían estado con él anteriormente, se le estaba acercando otra vez.

Rey no sabía cómo reaccionar. Su corazón latía apresuradamente, sus alas perdieron el balance y tubo que saltar hacia el suelo para no caer torpemente. Sin darse cuenta comenzó a caminar haciendo círculos mientras habría las alas y la punta de sus plumas raspaban la tierra. Rey estaba nuevamente cortejando a una dama que ahora ya estaba en compañía de otro gallo.

Después que las gallinas salieran en estampida, Nugget se enojó mucho y pensó, "Bonita fue a buscar a Rey. Pero yo no voy a permitir que se valla con él. No voy a permitir que Rey se robe a ninguna de mis gallinas", entonces Nugget salió corriendo del gallinero en busca de Bonita.

Después que las gallinas salieran en estampida, Nugget se enojó mucho y pensó, "Bonita fue a buscar a Rey. Pero yo no voy a permitir que se valla con él. No voy a permitir que Rey se robe a ninguna de mis gallinas", entonces Nugget salió corriendo del gallinero en busca de Bonita.

Cuando Nugget llego a donde las gallinas estaban reunidas, vio a Rey cortejando a Bonita y reacciono furioso corriendo tan rápido como podía hacerlo, para protegerla y cuando estuvo cerca de ellos se lanzó con toda su furia sobre Rey para atacarlo. Entonces cuando Rey vio que Nugget venia hacia él, salto muy alto; tan alto que paso por encima de Nugget. Luego al quedar de espaldas hacia Nugget, Rey se volteó rápidamente y brincando lo agarro con sus patas derribándolo al suelo. Instantáneamente puso una pata sobre el cuello de Nugget y la otra sobre su espalda. De esta forma lo mantenía presionado y sin movimiento.

Entonces Rey le dijo, "Esta vez no fue fácil para ti derribarme. Esta vez no vas a picotearme o desplumarme porque estoy completo. Mi cuerpo y mis sentidos trabajan juntos para defenderme"

Nugget con su pecho sobre el suelo y sin poder mover la cabeza le respondió, "Si, ya veo que has regresado a llevarte a mis gallinas por la fuerza como lo hiciste la primera vez"

"Yo no te quite nada antes y nada te quitare esta vez." Le grito Rey, "El gallinero es tan grande y está lleno de gallinas. Suficientes para que ambos podamos escoger, pero si las gallinas eligen primero y quieren seguirme a mí y no a ti, ¡Es porque nunca te pertenecieron!"

Nugget seguía furioso y le dijo, "Tú te puedes llevar a todas las que quieras, pero con Bonita ¡Me quedo yo!".

Seguidamente Nugget golpeo el suelo con sus alas como señal para que los otros gallos que estaban observando de lejos la pelea, corrieran a ayudarlo para atacar a Rey. Así como se habían acostumbrado a golpearlo todos juntos en ocasiones anteriores. Esta vez también los otros gallos se lanzaron sobre Rey al mismo tiempo, para rescatar a Nugget"

Pero contrario a lo que los gallos pensaron, Rey en lugar de salir huyendo, soltó a Nugget y corrió al encuentro de ellos. Abriendo sus alas saltaba por arriba de todos golpeándolos con fuerza. En ese momento Rey descubrió que era diferente a los otros gallos, porque mientras él corría, saltaba y volaba, los otros gallos permanecían únicamente corriendo en el suelo. Rey descubrió que sus habilidades nuevas lo habían convertido en un gallo más fuerte de lo que era y ya no se sentía débil. Entonces cada vez que lo atacaban respondía abriendo sus alas con mucha fuerza esquivando los golpes de los otros gallos. Volando por encima de ellos los golpeaba y los derribaba uno a uno hacia el suelo. Entonces los sujetaba con sus patas para desplumarlos con su pico; así completamente en poco tiempo logro que los gallos salieran huyendo de la pelea.

Nugget y Biscocho eran los únicos que seguían de pie frente a Rey. Pero esta vez con una gran diferencia porque sus ojos reflejaban desconcierto. Esos gallos altaneros que antes lo humillaban ahora le tenían miedo. Mientras que los ojos de Rey reflejaban seguridad e imponían respeto.

Nugget fue el primero que grazno, "¿Qué esperas? Para hacer con nosotros lo mismo que nosotros hicimos contigo"

Biscocho canto tratando de provocar a Rey para seguir peleando, "¡Aquí estamos! No vamos a salir corriendo como los otros gallos. De aquí no nos vamos a mover ¡Hasta que nos rompas el cuello!"

Rey los observo y tomando una actitud pasiva les dijo, "Yo no voy a seguir peleando. Yo no comencé esta guerra; pero si me atacan me voy a defender. Desde que los conocí siempre fueron hostiles conmigo a pesar de que los defendí del Gavilán y les ayudé a tener orden en el gallinero"

Nugget le respondió con enojo, "Si tú no hubieras llegado a la granja ¡Bonita me hubiera elegido a mí! pero cuando te vio desde la primera vez decidió seguirte. Y a ti no te importo ¡Que a mí me gustara!"

Biscocho también grazno, "Si tú no hubieras llegado a la granja ¡Yo habría sido el líder del gallinero! Me prepare desde pequeño; pero a ti no te importo. Llegaste y arrebataste todo lo que pudo ser mío ¡Haciéndome a un lado! Y te robaste mi lugar como líder en el gallinero"

Después de escuchar a los dos gallos, Rey apaciblemente respondió, "Yo no vine a quitarles nada. Nugget yo no te quite a bonita, ella me eligió a mí. Biscocho yo no elegí ser el líder, simplemente corregí lo que estaba mal, mientras tú te hacías a un lado sin ayudar en nada. Yo solo evite que todos se pelearan y no compartieran. Yo solo impuse orden y respeto entre todos los habitantes del gallinero"

Los tres gallos seguían discutiendo mientras el Gavilán los observaba sigilosamente desde lo alto de una rama. Sin hacer ruido se lanzó velozmente sobre Biscocho, pero el sol reflejo su sombra en el suelo, delatándolo antes de que lo atrapara. Los tres gallos se alertaron y cuando el Gavilán casi toco el suelo, Rey en un rápido movimiento salto sobre el Gavilán colocándose encima de él y lo agarro por el cuello con sus dos patas, luego le dio un picotazo muy fuerte sobre la espalda que lo derribo al suelo. Nugget y Biscocho aprovecharon la situación para lanzarse sobre el Gavilán. Los dos al mismo tiempo comenzaron a atacarlo con sus patas y a desplumarlo con sus picos.

Rey después de derribar al Gavilán se quedó parado a un lado de ellos y al observar lo que los dos gallos estaban haciendo les grito, "¡Basta! Déjenlo ir"

Nugget replico desconcertado, "¡Estás loco! No vamos a tener otra oportunidad como esta; si no lo atacamos y lo destruimos en este momento, este Gavilán volverá mañana para atacarnos.

Biscocho apoyo a Nugget diciendo, "Tenemos que destruirlo en este momento o mañana nos comerá a nosotros; como ha hecho con las gallinas y otros gallos del gallinero"

Nugget y Biscocho seguían encima del Gavilán, sin querer soltarlo, entonces Rey les grito, "Suéltenlo ya" mientras se colocaba de frente al Gavilán que estaba herido y con pocas plumas en la espalda. Entonces lo miró fijamente a los ojos y luego le grito, "Debiste haberme matado cuando tuviste la oportunidad, pero no lo hiciste. Y sin importar las razones que tuviste, me obligaste a vivir cuando yo ya no quería y no podía hacerlo más. ¡Lo único que deseaba era morir! Te burlaste de mí, yo no voy a hacer lo mismo contigo; pero te doy la oportunidad de elegir. Vuelve a tu nido y aléjate para siempre del gallinero o regresa y atácanos otra vez. Pero yo se tu secreto porque lo he descubierto viendo tu nido desde lo alto de las ramas de los árboles y se lo que guardas allí, así que si elijes volver; nosotros te esperaremos, pero te prometo que será la última vez que lo intentes. ¡Ya que los tres juntos! Te vamos a destrozar. Luego volare de rama en rama hasta subir a lo alto del árbol donde está tu nido, entonces lo derribare junto con todos los huevos que tienes allí. Los huevos se quebrarán al caer al suelo. Y sí encuentro gavilanes pequeños ¡Los despedazare con mis espuelas! Y los arrojare al viento."

El Gavilán observo en los ojos de Rey fuerza, valor y coraje que lo hicieron sentir por primera vez algo nuevo para él que se llama "Miedo". Sin decir ninguna palabra alzo el vuelo y se perdió en lo azul del cielo.

Después que el Gavilán se fuera, Biscocho le dijo a Rey, "Me salvaste de nuevo la vida. ¿Por qué? Si yo nunca te ayude y te desplume cada vez que pude hacerlo"

Rey le respondió, "Ninguno de ustedes me lo ha pedido, pero yo ¡Ya los perdoné! Ya olvidé lo sucedido. Gracias a todo lo que viví, ahora soy fuerte. Y sí Carisma me enseñó a correr veloz como el viento, con ustedes y los problemas que me ocasionaron aprendí a saltar y volar por el cielo. También, descubrí la fuerza de mi carácter en cada golpe que recibí. Cambie mi forma de pensar y sentir con cada gota de sangre que derrame sobre el suelo. No importa lo que sufrí ¡Importa lo que ahora siento! No importa lo que llore ¡Importa que ahora soy muy feliz! Además, ahora sé que si trabajamos en grupo ¡Unidos! Podremos conducir el destino del gallinero con sabiduría hacia el éxito. Y sí respetamos la decisión de las gallinas de elegir a quien ellas quieran, los polluelos crecerán en un ambiente de respeto"

Biscocho dijo, "Yo estuve confundido, pero la verdad es que yo siempre te admire y cuando te vi dejarte derrotar sin luchar por liberar tus patas me llene de miedo. Se me hizo fácil que tu guiaras al gallinero, pero cuando no lo hiciste más me llene de desconcierto, porque no sabía cómo ocupar tu lugar. Por eso te ataque para sacar la rabia que sentía. Porque te estabas dejando vencer y derrotar de una forma tan fácil, mientras yo me sentía perdido sin saber que hacer"

Nugget también respondió, "Yo siempre he querido a bonita; pero nunca me ha seguido. ¡Por más que he bailado para ella! Entonces, cuando tu apareciste se perdieron todas mis esperanzas de que me eligiera a mí. Por eso te desplumé cada vez que pude hacerlo. Yo estaba lleno de celos y de rabia porque bonita siempre anhelaba volver junto a ti, mientras que a mí me ignoraba"

Por primera vez Biscocho cacareo con respeto, "Gracias Rey por salvarme la vida y por enseñarme con tu ejemplo que no basta con sentarse a esperar que las cosas sucedan, sino que hay que trabajar para alcanzarlas y luchar para conquistar nuestros sueños"

Nugget con humildad acepto la realidad de su situación con Bonita y dijo, "Gracias Rey por enseñarme lo equivocado que estaba. ¡El amor no se puede forzar! El amor para que sea honesto, perdurable, sincero, se debe dar y recibir libremente sin presiones"

La emoción que lleno el corazón de los tres gallos hizo que naciera un sentimiento de amistad verdadero que los envolvió en ese momento, haciéndoles sentir que podían ser amigos. Todos reconocieron que si trabajaban juntos y fortalecían ese sentimiento podrían llegar a ser hermanos. También descubrieron que la vida en la granja sería más fácil si aceptaban que necesitaban estar unidos porque solo así podrían ser lo suficientemente fuertes para defender el gallinero.

Después de lo ocurrido Rey no regreso a vivir más al corral de Carisma. El descubrió y acepto su propia identidad como Gallo y no como caballo. Rey se mudó al gallinero donde las gallinas que antes lo despreciaban ahora querían regresar con él. Pero Rey solo acepto a Bonita y a Red.

Con el tiempo Rey selecciono otras tres gallinas más. Con su nueva forma de ser rápidamente recupero el territorio perdido y su posición dentro del gallinero, pero de una forma muy diferente no por imposición sino porque todos los gallos y las gallinas así lo decidieron.

Desde entonces cada día muy temprano Rey sale del gallinero. Corre alrededor del establo, pasa visitando a Elvis, Jackson y Murango que ahora vive en el corral que era de Índigo. Y Carisma ya no pelea más con Murango.

Muy feliz, a King se le puede ver todos los días saltando de tabla en tabla hasta subir a la parte más alta de la cerca de madera del corral de Carisma. Allí se detiene para darle los buenos días acariciándola con su pico en la nariz como si le estuviera dando un beso tierno y lleno de amor. Luego, como cada mañana salta de rama en rama hasta la copa del árbol más alto adentro del corral de Carisma.

En ese árbol parado sobre sus ramas, su mente evoca algunas vivencias del pasado. Recordando, como desde pequeño la sombra de ese árbol, lo cobijo muchas veces. También recordó como sus raíces le transmitieron el calor del día que lo mantuvieron con vida. Rey sonríe al recordar cuando Carisma lo escondió adentro del agujero que hizo con su zapato en el suelo para protegerlo cubriéndolo con paja.

Y desde lo alto del árbol, Rey se deja acariciar por el viento. Extendiendo sus bellas alas llenas de color bañadas por los dorados rayos del sol, lanzando un fuerte canto, que el viento lleva a todos lados. ¡Nadie tiene nada que decir!

Todos lo admiran y respetan. ¡Rey no tiene que demostrarle nada a nadie! Porque viéndolo desde abajo en el suelo hacia arriba en lo alto del árbol su figura luce imponente, brillantemente admirable y ya con esa perspectiva todos saben que ha regresado,

EL REY DE LA GRANJA.

CPSIA information can be obtained
at www.ICGtesting.com
Printed in the USA
LVHW021409021220
673103LV00001B/75